Karl Leimer / Walter Gieseking

Modernes Klavierspiel

Mit Ergänzung
Rhythmik, Dynamik, Pedal

30. Auflage

Mainz · London · Berlin · Madrid · New York · Paris · Prague · Tokyo · Toronto

Bibliografische Information der Deutschen Nationalbibliothek
Die Deutsche Nationalbibliothek verzeichnet diese Publikation in der Deutschen
Nationalbibliografie; detaillierte bibliografische Daten sind im Internet über
http://dnb.d-nb.de abrufbar.

Bestellnummer ED 8707
ISBN 978-3-7957-8707-3

Studienbuch Musik

www.schott-music.com
www.schott-buch.de

Covergestaltung: © Bernhard Koelsch, Wörrstadt
Printed in Germany · BSS 49140

Modernes Klavierspiel

Modernes Klavierspiel

Inhalt

Rhythmik, Dynamik, Pedal

Inhalt

Modernes Klavierspiel

Vorwort von Walter Gieseking

Die vorliegenden Aufzeichnungen erörtern diejenige Methode des Klavierspiels, die ich als Grundlage meiner pianistischen Technik bezeichnen muß. Es ist mir eine angenehme Pflicht, darauf hinzuweisen, daß ich Karl Leimer, unter welchem ich von 1912–1917 studierte, meine *gesamte* Ausbildung als Pianist verdanke.

Obwohl seither über 12 Jahre verflossen sind, ich daher wohl behaupten darf, daß ich den zu sachlicher Beurteilung notwendigen „Abstand" gewonnen habe, bin ich noch heute unbedingter Anhänger der Leimerschen Methode, die ich für die *beste, rationellste Art*, pianistische Fähigkeiten zur *Höchstentwicklung* zu bringen, halte.

Karl Leimer erzieht den Schüler in erster Linie zur Selbstkontrolle, indem er ihn anweist, sich *selbst wirklich zuzuhören*. Dieses kritische Selbstzuhören ist m. E. der allerwichtigste Faktor beim gesamten Musikstudium! Stundenlanges Üben ohne Konzentration der Gedanken und des Gehörs auf jede Note der betreffenden Übung ist Zeitverschwendung! Nur ein trainiertes Ohr ist imstande, die feinen Ungenauigkeiten und Unebenheiten wahrzunehmen, deren Vermeidung erst die Technik wahrhaft vervollkommnet. Ebenso kann nur durch immerwährendes Selbstzuhören der Sinn für Tonschönheit und für feinste Klangabstufungen derart ausgebildet werden, daß der Studierende zu einem im heutigen Sinne technisch einwandfreien, d. h. auch klangschönen Klavierspiel befähigt wird. Ein rhythmisch wirklich genaues Spiel wird auch nur durch strenge Selbstkontrolle erzielt. Wie unbefriedigend, ja wie unmöglich ein rhythmisch ungenaues Musizieren für den Zuhörer ist, dessen rhythmisches Gefühl ausgebildet wurde, läßt sich nicht beschreiben. Leider ist besonders in Deutschland ein rhythmisch einwandfreies Spiel sehr selten zu hören und vielerorts sogar als „unkünstlerisch" verdächtigt. Es wird eben viel zu wenig beachtet, daß genaue, notengetreue Ausführung aller Vorschriften des Komponisten das erste Ziel des Interpreten zu sein hat. Ich bin Herrn Leimer noch ständig dankbar, daß er mich zu unbedingtem Respekt vor den Absichten der Komponisten erzog. Nur genaueste Befolgung aller Vortragsvorschriften ermöglicht das „Einleben" in die Gedanken- und Gefühlswelt eines Meisters und damit die stilechte Wiedergabe seiner Werke.

In meiner musikalischen Praxis mußte ich erkennen, daß fast nur irgendwie (technisch oder musikalisch) minder begabte Musiker, die den Gehalt eines Werkes nicht voll zu erkennen vermögen, zu Freiheiten und Retouchen ihre Zuflucht nehmen, um ein Stück (welches sie langweilt, weil sie es nicht ganz verstehen) „interessant" zu machen, was aber stets eine Fälschung ergibt. Der angehende Musiker begreift fast nie, wie schwer es ist, wirklich korrekt zu spielen, d. h. nicht nur fingertechnisch, sondern auch ausdruckstechnisch genau nach Vorschrift des Komponisten. Dieses ist nur möglich bei restloser bewußter Beherrschung aller Anschlagsarten und Nuancen, einer Beherrschung, die so weit führen muß, daß sich die geistige Vorstellung eines Tones bzw. einer Phrase sozusagen automatisch in die zu ihrer Hervorbringung notwendigen Hand- und Armbewegungen umsetzt. Hierbei ist das Leimersche System, alle nicht unbedingt notwendigen Bewegungen zu vermeiden und alle nicht bei der momentanen Spieltätigkeit beschäftigten Muskeln zu entspannen (in Relaxation), unzweifelhaft dasjenige, das dieses Ziel am ehesten erreichen läßt.

Es ist mit auf meine Veranlassung, daß sich Herr Leimer zur Veröffentlichung der Grundsätze seines (bzw. unseres) Systems entschlossen hat, und ich hoffe, daß recht viele Pianisten hieraus Nutzen ziehen werden.

W. G.

Vorwort des Verfassers zur 3. Auflage

Meine Aufzeichnungen über „Modernes Klavierspiel" haben, wie ich aus zahlreichen Zuschriften aus dem In- und Auslande ersehen konnte, eine sehr weite Verbreitung gefunden. Zustimmungen und Dankschriften haben mir Freude gemacht, einige Kritiken aber veranlassen mich, der neuen Auflage ein ergänzendes Wort beizufügen.

Offenbar erwarteten manche von meinem Buch die Bekanntgabe eines neuen Geheimmittels, durch welches man sich rasch und mühelos zu einem Gieseking entwickeln könnte, und waren enttäuscht, als sie dann Anweisungen zu lesen bekamen, die auf im allgemeinen bekannten Tatsachen beruhen und durchaus nicht leicht durchzuführen sind. Meine Absicht war, in aller Kürze den Weg zu zeigen, den ich mit meinen Schülern einschlage. Auf eingehendere Besprechungen habe ich mich nur da eingelassen, wo ich eine Wiederholung oder Beleuchtung zu besserem Verständnis für vorteilhaft hielt oder wo ich eine ausdrückliche Zustimmung Giesekings feststellen wollte.

Über die brauchbaren Anschlagsarten haben Steinhausen, Breithaupt, Deppe, Tetzel und andere ausgezeichnete Untersuchungen angestellt, die nicht nur aufklärend wirkten, sondern auch vielen beim Klavierstudium geholfen haben. Die genannten Musikschriftsteller werden aber gewiß nicht daran gedacht haben, die von ihnen besprochenen Anschlagsarten als ihre eigene Erfindung zu bezeichnen, ebenso wie ich mir nicht einbilde, daß meine Bemerkung: *Technik ist ein Produkt der Geistesarbeit* eine in der Musikwelt bislang unbekannte Weisheit bedeutet. Die wirklich intensive Geistesarbeit wird aber gar zu selten im Unterricht benutzt, und die Schüler werden viel zu wenig zur Konzentration erzogen. Ich lasse zur Erlernung der Konzentration und um sie möglichst rege zu halten, das reflektierende Auswendigspielen anwenden. Die Bedeutung dieser so außerordentlich wirksamen Kopfarbeit wird m. E. lange nicht genug erkannt, und ihre Anwendung im allgemeinen ist völlig unzureichend. Daß die einzelnen Bestandteile meines Systems ganz neue Dinge seien, habe ich niemals behauptet: *mein System als Ganzes ist jedoch für viele etwas so Neuartiges, daß seine Veröffentlichung wohl gerechtfertigt erscheint*, wie mir auch gar manche Zuschriften bewiesen haben. Einem mehrfach geäußerten Wunsch entsprechend, lasse ich eine Zusammenfassung der Hauptpunkte meines Systems am Schlusse des Buches (Seite 50) folgen.

Ich bin überzeugt, daß auch andere Pädagogen als Bestandteil ihrer Lehrmethode manche meiner Prinzipien betrachten. Die erwünschten Ergebnisse bringt aber nur eine systematische, konsequente Durchführung.

Der letzte der Hauptpunkte meines Systems handelt von der *Natürlichkeit* des Vortrags. Sie ist es, die das Spiel Giesekings besonders kennzeichnet und die es von dem Spiel anderer Pianisten wesentlich unterscheidet, so daß man nach seinen ersten Konzerten fast allgemein von einer ganz neuen Art des Klavierspiels sprach. Mittlerweile hat sein Spiel Schule gemacht, der manierierte, überromantische Vortrag ist immer mehr in Mißkredit geraten, und eine wohltuende Rückkehr zur Natürlichkeit des Musizierens scheint sich anzubahnen. In diesem Zusammenhang möchte ich auch darauf hinweisen, daß die beiden Musiker, die, international betrachtet, den weitestreichenden Erfolg haben: *Toscanini* und *Kreisler* durchaus auf Natürlichkeit, Einfachheit und Stilechtheit des Vortrages eingestellt sind. Ich hoffe, daß meine Aufzeichnungen auch mithelfen werden, den manierierten Vortrag zu bekämpfen und für sinn- und notengetreues, einfach schönes Spiel zu werben.

Karl Leimer

14

I. Die Grundlagen meiner Methode

Nach vielen außergewöhnlichen Erfolgen, die ich mit meinen Schülern erreicht habe, bin ich angeregt und gebeten worden, meine Ansichten über modernes Klavierspiel schriftlich festzulegen und die Wege anzugeben, die ich meine Schüler einschlagen lasse, um diese Erfolge zu erzielen. Die folgenden Aufzeichnungen machen keinen Anspruch auf Vollständigkeit und sollen nur in großen Zügen die Grundlage meines Systems wiedergeben; denn den vollständigen Einblick in meine Art der Behandlung des Klavierspiels kann schließlich nur mein persönlicher Unterricht bieten.

Meine Methode hat eine Spielweise gezeitigt, die, besonders hinsichtlich des Vortrags, sich von dem üblichen Klavierspiel stark unterscheidet. Diese Methode beruht auf der sorgfältigen Beobachtung einer Reihe von nach meiner Meinung selbstverständlichen Forderungen; die Art und Weise, wie ich diese Selbstverständlichkeiten anwende und zu einem System geordnet habe, ergibt den kürzesten, wenn nicht den einzigen Weg, um die musikalische Begabung eines Schülers wirklich zur vollen Entfaltung zu bringen und ihm in seinem Spiel zur höchsten Ausdrucksmöglichkeit zu verhelfen. Gewiß wird es nur intelligenten und begabten Schülern möglich sein, die unbegrenzten Entwicklungsmöglichkeiten in Technik und Vortrag, die mein System bietet, voll zu verwerten und zu verwirklichen, aber meine Methode kann mit kleinen individuellen Abweichungen allgemein angewandt werden und wird, wenn sie richtig verstanden ist, *jedem Schüler größten Nutzen bringen.* Begabte Schüler erzielen sogar Leistungen, die sie selbst aufs höchste überraschen und die sie vorher nicht erhoffen konnten.

Meine Aufzeichnungen sollen keinen polemischen Charakter tragen, sondern nur dasjenige zur allgemeinen Kenntnis bringen, was ich in langjähriger praktischer Erfahrung als richtig erkannt habe. Die folgenden Anweisungen sind *nicht für Anfänger bestimmt,* sondern für Klavierspieler, die sich als Konzertpianisten oder Musiklehrer betätigt haben oder wenigstens weit fortgeschrittene, ernst strebende Dilettanten sind.

Der Hauptunterschied meiner Unterrichtsweise gegenüber anderen und eine der wichtigsten Grundlagen meines Systems ist die *Trainierung des Ohres. Die meisten Klavierspieler hören sich selbst gar nicht richtig!* Sie sind wohl daran gewöhnt, falsche Noten, gröbere Verstöße gegen Rhythmus, Tonqualität, Phrasierung usw. zu hören und auszumerzen, das ist aber keineswegs ausreichend, wenn man nach modernen Begriffen einwandfrei spielen will. Die Tonhöhe ist durch die Stimmung des Klavieres gegeben, hierbei eine Änderung vorzunehmen, ist daher nicht möglich; aber die allergrößte Sorgfalt ist der Tondauer, Tonstärke, der Tonqualität zu schenken. Der gesamte Vortrag bekommt bei der minuziösen Beobachtung dieser Toneigenschaften einen ganz bestimmten Charakter (was nur sehr wenigen bekannt ist), der sich von dem in Einzelheiten schwankenden Vortrag durch eine subtile Ausdrucksbildung stark unterscheidet, die auf Anwendung übertriebener Dynamik oder starker rhythmischer Veränderungen verzichten kann. Wie auch Gieseking im Vorwort schreibt, ist das Sichselbstzuhören einer der wichtigsten Faktoren beim gesamten Musikstudium. Man darf allerdings nicht hoffen, diese Fähigkeit von heute auf morgen zu erwerben. Die Fähigkeit, das eigene Spiel kritisch zu hören und den eigenen Anschlag immerwährend unter Kontrolle zu halten, muß systematisch mit äußerster Konzentration entwickelt werden, da diese *Gehörausbildung Vorbedingung für schnellen Fortschritt ist.*

Durch scheinbar pedantisches „Feilen" an Stellen, die von vielen Lehrern kaum beachtet werden, ist eine überraschende Vervollkommnung der Ausführung einer Komposition zu erreichen, die oft erst den wahren Charakter eines Musikstückes erkennen läßt. *Bei dieser Art des Selbstzuhörens erkennt der Schüler schnell die immerwährenden Verbesserungsmöglichkeiten, die auszunutzen ihm stets interessant bleiben und ihn auch bei längerem Studium desselben Stückes nicht langweilen wird.* Die Aufgabe des Lehrers ist es, unermüdlich darauf hinzuweisen, daß nichts überhört wird. Ich werde auf diese Trainierung des Ohres später zurückkommen und dieselbe an Beispielen demonstrieren.

Trainierung des Gedächtnisses

Eine unerläßliche Voraussetzung für diese Schulung des Ohres ist genaueste Kenntnis des Notenbildes. Es ist daher notwendig, daß wir vor Beginn des Studiums eines Stückes das Notenmaterial vollkommen beherrschen, und dies ist nach meiner Meinung nur dann zu erreichen, wenn wir das Notenbild vollständig im Kopf haben, d. i. das betreffende Stück tadellos auswendig können. Um dies auf schnelle Weise zu erreichen, bedarf es wiederum eines speziellen *Trainierens des Gedächtnisses.* Ich benutze dazu die Reflexion (systematisch-logisches Nachdenken), und zwar in sehr ausgiebiger Weise. Es ist merkwürdig, daß die Reflexion durchweg nicht richtig und voll ausgenutzt wird und daß sie für alle Schüler, die bis jetzt zu mir kamen, etwas völlig Neues bedeutete; dabei hatte ich sehr intelligente und hoch-

16

begabte Schüler, die bei bekannten Musikpädagogen unterrichtet worden waren. Eine praktische Art, das Gedächnis durch Reflexion zu trainieren, werde ich ebenfalls später an Beispielen erläutern, möchte aber jetzt schon darauf hinweisen, daß Gieseking, der unter allen Pianisten vermutlich das größte Repertoire hat und besonders auch die kompliziertesten modernen Kompositionen auswendig beherrscht, alle schwierigen Werke nicht spielend (am Klavier), sondern ausschließlich lesend (also durch Reflexion) seinem von allen Musikern als phänomenal bezeichneten Gedächtnis einprägt.

Bei weiterer Vervollkommnung dieses Verfahrens ist man sogar in der Lage, auch die technische Ausführung durch Reflexion so vorzubereiten, daß ein Stück ohne jede Übung am Instrument auswendig einwandfrei vorgetragen werden kann, und zwar in verblüffend kurzer Zeit. Dies wird von vielen für unmöglich gehalten, wird aber tatsächlich nicht nur von Gieseking und einigen wenigen in ähnlicher Weise begabten und arbeitenden Pianisten ausgeführt, sondern auch von verschiedenen intelligenten Schülern meiner Meisterklasse mit erstaunlichen Resultaten angewendet. Voraussetzung für dieses Einprägen einer neuen Komposition ist neben einem guten Gedächtnis eine längere Trainierung.

Um Mißverständnissen vorzubeugen, bemerke ich, daß ich nicht jedes Stück auswendig studieren lasse, sondern ich verlange das nur von Kompositionen, die für den Konzertsaal vorbereitet werden, und von Etüden, die besonders instruktiv sind, vor allem von Bachschen Werken. Bei Musiklehrern, die möglichst große Literaturkenntnis haben müssen, ist das Auswendigspielen nicht immer durchzuführen, aber ohne Unterbrechung sollte das Gedächtnis durch die Erlernung kleiner Abschnitte trainiert werden. Von Anfängern, selbst von Kindern, ist es ratsam, zu jeder Stunde die sichere auswendige Beherrschung, wenn auch nur von ein, zwei Takten, zu verlangen. Diese Trainierung wird gute Früchte tragen! Natürlich sind auch ohne Auswendigspielen Resultate zu erzielen, doch glaube ich, daß sie denjenigen, die durch die besprochene Kopfarbeit gewonnen werden, lange nicht gleichkommen.

Um auf eine möglichst natürliche, also am wenigsten anstrengende Art Klavier zu spielen, ist es in erster Linie wichtig, die Fähigkeit zu erlernen, die Muskeln jederzeit *bewußt anspannen* zu können und (noch wichtiger!) *bewußt erschlaffen* zu lassen. Der Weg, den ich hierbei einschlage, ist wiederum von dem vieler Pädagogen verschieden. Ich versuche, das Gefühl für die Relaxation (Entspannung der Muskeln) von innen heraus zu erreichen (während dieses Ziel im allge-

Entspannung der Muskeln

17

meinen durch die äußeren Bewegungen angestrebt wird), da ich alle überflüssigen Bewegungen für schädlich halte und danach strebe, die Tätigkeit des Klavierspielens mit dem kleinstmöglichen Aufwand an Muskelarbeit ausführen zu lassen.

Zunächst muß der Schüler die Erschlaffung (Relaxation) der Armmuskeln, wie sie beim gewöhnlichen Gehen unwillkürlich eintritt, bewußt empfinden lernen. Ich hebe zu diesem Zweck den ausgestreckten Arm des Schülers bis Schulterhöhe, ohne daß dabei die Muskeln benutzt werden; darauf ziehe ich die Handstütze weg, und der Arm muß wie tot herunterfallen. Durch solche Übungen kann das Gefühl der Muskelerschlaffung erworben werden.

Körperhaltung
Die Hand hat beim Gehen normalerweise eine leichte Krümmung, die niemals ermüdend auf die Muskeln wirkt, während das Ausstrecken oder stärkeres Krümmen der Finger auf die Dauer etwas ermüdet und anstrengt. Die natürliche Haltung der Hand, wie sie bei völliger Erschlaffung der Muskeln beim Gehen eintritt, benutze ich als Grundhaltung beim Klavierspiel. Die Finger sollen beim Spiel im allgemeinen die leichte Krümmung beibehalten, ein Durchdrücken ist tunlichst zu vermeiden.

Der Sitz ist am besten auf dem vorderen Teil des Stuhles einzunehmen. Anlehnen ist zu vermeiden. Der Oberkörper ist etwas nach vorn geneigt, der Oberarm hängt mit einer Beugung nach vorn lose im Schultergelenk. Der Sitz soll so hoch sein, daß der gehobene Unterarm etwa in der Ebene der Klaviatur liegt.

Ein weiterer wichtiger Punkt, in dem sich meine Spielweise von der allgemein üblichen unterscheidet, besteht in der Vermeidung aller unnötigen Bewegungen. Ruhe und Sparsamkeit in der Bewegung sind unbedingt erforderlich, wenn man in wirklich bewußt ausgeführter Tonqualität spielen will. Jede Unruhe gefährdet nicht nur den Ton, der gerade angeschlagen wird, sondern auch die nachfolgenden Töne.

II. Ausführung von Beispielen

a) Etüde von Lebert-Stark

Einprägung der Noten
Gehen wir nun zur Erläuterung des vorhin Gesagten an das Studium einer *einfachen* Komposition. Wir wählen eine Etüde aus dem 2. Band der Lebertschen Klavierschule (s. Beilage). Unsere erste Aufgabe ist die Einprägung des Notenbildes, d. h. das Stück auswendig zu lernen,

18

Etüde

aus der Klavierschule von Lebert-Stark

und zwar so weitgehend, daß wir es aus dem Gedächtnis aufschreiben können.

Wir orientieren uns über Takt und Tonart: $^2/_4$ und C-Dur. Die Rechte beginnt auf dem zweiten Sechzehntel mit der Sexte e"–c"'. Dann folgen in Sechzehntel abwärts die skalenförmigen Sexten durch zwei Oktaven bis zum kleinen e–c'. Im 3. und 4. Takt geht der skalenförmige Sextengang vom kleinen d–h durch zwei Oktaven bis e"–c"'. Der 5. und 6. Takt ist gleich dem ersten und zweiten, nur daß der Sexte jedesmal die Terz eingefügt ist. Takt 7 ist gleich dem 3., ebenfalls mit eingefügter Terz. Der 8. Takt bringt die Sexten des 4. Taktes bis g'–e" und schließt mit den beiden Sexten f'–d' e'–c". Als Begleitung haben wir für diese Stelle in der linken Hand den gebrochenen C-Dur-Dreiklang. Im ersten Takt C als Viertelnote mit darauffolgender Viertelpause, im zweiten, dritten und vierten Takt E G c und je $^1/_4$ Pause. Die Takte 5 bis 8 sind in der linken Hand gleich den ersten vier Takten. Durch Reflexion sind also diese 8 Takte nach genauem Durchlesen *ohne Noten* leicht unmittelbar zu spielen. In der rechten Hand kommt im 9. Takt der Unterdominantakkord c" f" a" als Viertel mit folgender Viertelpause, im 10. Takt derselbe Dreiklang, aber ohne Terz (c" f" c"') als Viertel, im 11. Takt der C-Dur-Dreiklang c" e" g", im 12. Takt derselbe Dreiklang ohne Terz (c" g" c"') als Viertelnoten immer mit nachfolgender Viertelpause. Die Linke beginnt im 9. und 10. Takt nach einer Sechzehntelpause mit einer Sextenfolge vom $\bar{A}$ F aufwärts bis a f'. Die nächsten beiden Takte beginnen wieder mit einer Sechzehntelpause, es folgt dann eine abwärts gehende Skala in Sexten von g–e' durch 2 Oktaven bis $\bar{G}$–E. Der 13. Takt beginnt in der linken Hand mit der nächsttieferen Sexte ($\bar{F}$ D), die Rechte beginnt zwei Oktaven höher mit demselben Akkord, dem skalenförmige Sexten durch zwei Oktaven aufwärts folgen. Der 15. Takt bringt in der Linken die Dominate $\bar{G}$ und in der Rechten nach einer Sechzehntelpause die noch fehlenden Dominantdreiklangtöne (d, h) mit nachfolgendem Sextengang bis d"–h". Die Takte 17 bis 20 sind wieder gleich den ersten vier. Die vier Schlußtakte sind gleich den Takten 5 bis 8, nur eine Oktave höher und in der Weise abgeändert, daß die Linke vom 2. Viertel des 21. Taktes an dasselbe eine Oktave tiefer unisono spielt.

Durch diese Reflexion, dies Durchdenken des Stückes, wird jeder in der Lage sein, die ganze Etüde aufzuschreiben, er wird sie also gedächtnismäßig völlig beherrschen. Die meisten meiner Schüler waren bei intensiver Konzentration fähig, die ganze Etüde *nach weni-*

gen Minuten ohne Noten, also aus dem Gedächtnis *zu spielen*. Sie waren alle höchst erstaunt, daß dies möglich war.

Das reflektierende Lesen gewährt dem Schüler gleichzeitig den besten Eindruck in die kompositorische Form des zu lernenden Stückes. Die eben besprochene Etüde ist z. B. in dreiteiliger Liedform komponiert: zunächst ein 8taktiger Satz, dann ein 8taktiges Mittelstück, am Schluß die Wiederholung der ersten acht Takte in etwas veränderter Form. Dies Erkennen des Aufbaus jeder Komposition ist nur einer der vielen Vorzüge des Auswendiglernens durch reflektierendes Lesen, und die systematische Trainierung des Gedächtnisses in der angegebenen Weise erlaubt uns, schneller an schwierigere Aufgaben mit Erfolg heranzutreten, und lehrt uns, nach und nach alle möglichen Anhaltspunkte herauszufinden, die das Auswendiglernen von Kompositionen erleichtern. Dieses anfangs etwas mechanische Verfahren wird den Schüler, besonders wenn er musiktheoretische Kenntnisse hat oder zugleich erwirbt, bald dahin führen, eine Komposition beim Durchlesen auch dem geistigen Inhalt nach zu erfassen.

Natürlich wählte ich als erstes Beispiel zur Erlernung des Auswendigspielens nach dem bloßen Lesen ein sehr einfaches Stück. Unsere Etüde ist deshalb gut geeignet, weil in ihr außerdem auch eine ganze Reihe von wichtigen Problemen der Technik zu lösen sind, auf die ich mich jetzt einlassen will.

Der Anschlag mit dem ganzen Arm

Ich zeige als erstes technisches Problem den Anschlag mit dem ganzen Arm, der vielen merkwürdigerweise nicht geläufig ist. Der Schüler muß sich über die Art und Weise der Ausführung vollkommen im klaren sein, wenn er sie bewußt richtig ausführen will. Die Finger (1, 5) sind bei unserer Etüde für die Sexten zu fixieren, und zwar in dem Maße, daß ein Durchdrücken ausgeschlossen ist. Die Krümmung der Finger ist eben die, die – wie schon gesagt – beim Gehen mit herunterhängendem Arm eintritt. Das Handgelenk ist zu fixieren, aber nicht mehr, als notwendig ist, um es mit dem Unterarm parallel der Klaviaturebene zu halten. Von krampfigem Festhalten darf natürlich gar keine Rede sein. Das Ellenbogengelenk ist in derselben Weise zu fixieren, so daß der ganze Arm nur im Schultergelenk gehoben wird. Wir heben ihn so hoch, daß der fixierte erste und fünfte Finger in der Höhe von etwa 5 cm über der Klaviatur schweben. Der Anschlag geschieht nun durch den sogenannten beherrschten freien Fall (nach Deppe), und zwar in der Weise, daß die Taste so tief niedergedrückt wird, bis man „Grund fühlt", wie Rubinstein gesagt haben soll. Der Arm muß also jedesmal auf der Taste sozusagen ausruhen. Diese Vorschriften sind wörtlich zu nehmen und absolut exakt auszuführen. Die Anschlagsart des freien Falles ist eine der wichtigsten und häufigsten, da sie uns gestattet, das stärkste *Fortissimo* und das leiseste *Pianissimo* auszuführen. Wenn dieser Anschlag jedesmal aus gleicher Höhe erfolgt, so wird die gleiche Tonstärke der beiden Akkordtöne leichter erzielt. Die Ausführung geschieht durch den großen Hebel des ganzen Armes viel leichter und exakter als durch den Anschlag aus dem Ellenbogengelenk oder gar aus dem Handgelenk. Im Gegensatz zu anderen Lehrern lasse ich den Anschlag aus dem Handgelenk sehr, sehr selten benutzen, da er viel unsicherer ist als der eben beschriebene. Auch ist es beim Anschlag aus dem Handgelenk am schwierigsten, die Relaxation des Armes durchzuführen. Der mir manchmal gemachte Vorwurf, ich ließe mit steifem Handgelenk spielen, ist durchaus nicht zutreffend, da die Fixierung gelinde sein soll und niemals in Versteiftheit und Verkrampftheit ausarten darf.

Kontrolle durch das Gehör

Die Töne der linken Hand lasse ich in der angegebenen Etüde in derselben Weise anschlagen wie die Akkordtöne der Rechten. Beim Spielen der Etüde beginnen wir nun mit der Ausbildung des Ohres, die nach zwei Richtungen zu erfolgen hat. Beachtung: 1. der Tonqualität und 2. der Tondauer. Ich habe bis jetzt noch nicht einen einzigen Schüler gefunden, dessen Ohren für genaues Hören gründlich geschult waren, so daß sie mir alle nach 8 bis 14 Tagen zugaben, völlig andere Ohren bekommen zu haben. Sie waren alle nicht darauf eingestellt, die feinen Unterschiede in der Stärke der einzelnen Töne und die Unterschiede der Tondauer herauszuhören. Ich muß sogar sagen, daß die meisten Musiker, die glauben, gute Ohren zu haben, in dieser Beziehung versagen, weil ihre Ohren eben nicht darauf, sondern nur auf die Reinheit der Tonhöhe trainiert sind. *Gerade die intensive Ausbildung des Ohres unterscheidet mein System von anderen.* Das ununterbrochene Hinhören auf die gespielten Töne, die Kontrolle über die exakte Ausführung: das ist der Weg, der schnell und sicher zur ausgefeiltesten Technik führen muß. Die Finger sind Diener des Kopfes; was ihnen der Kopf befiehlt, führen sie aus. Ist sich also der Kopf durch ein gutgeschultes Ohr über die Ausführung klar, so wird der Finger dieselbe wiedergeben. Auch die schwierigsten technischen Probleme werden in diesem Fall von den Fingern in ganz kurzer Zeit, manchmal direkt oder in wenigen Minuten, gelöst, wenn dabei auf die nötige Relaxation geachtet wird. Die Relaxation ist so bedeutungsvoll, weil nur der entspannte Arm die vom Kopf ausgehenden Impulse hemmungslos in Fingerbewegung umsetzt. Die Herrschaft über die Finger ist auf diese Weise am schnellsten zu erreichen. Ich habe die

22

verblüffendsten Beispiele gesehen und Erfolge in Monaten erzielt, die sonst nur in Jahren und häufig überhaupt nicht erreicht werden.

Plan und Ziel des Übens

Die Einteilung des Übungsmaterials für meine Schüler, die mindestens dreimal wöchentlich (im Anfang täglich) unterrichtet werden, ist für unsere Etüde kurz zusammengefaßt etwa folgende:

1 Tag: Das sichere Auswendigspielen der Etüde nach Reflexion in der ihnen geläufigen Spielweise.

2. Tag: Die Beobachtung des korrekten Sitzes, der richtigen Haltung des Armes und der Hand, der Fixierung des ersten und fünften Fingers über den Tasten der Sexte, der gelinden Fixierung des Handgelenks und des Ellenbogens, der Hebung und Senkung des ganzen Armes in der Weise, daß der Oberarm sich mitbewegt, dann des Anschlags aus der Höhe von ungefähr 5 cm. Doch sind in betreff der Höhe viele Veränderungen später nötig. Das Üben besteht im Spiel kleinerer Abschnitte bis zur exakten Ausführung der genannten Aufgaben.

3. Tag: Die Lösung derselben Aufgaben und der Erlernung des Gefühls für Relaxation ohne äußerliche Hilfsmittel. Der Schüler hat darauf zu achten, daß vor allem das Handgelenk nicht durchgedrückt wird und gelinde fixiert bleibt. Auf die Relaxation ist auch bei der Lösung der anderen Aufgaben zu achten, solange die Etüde geübt wird. Wenn dies Ziel erreicht ist, hat der Schüler ungeheure Fortschritte im Klavierspiel gemacht.

4. Tag: Der Versuch, die Töne in absolut gleicher Zeitdauer zu bringen und auf minimale Verstöße dagegen so aufmerksam wie möglich zu achten. Dabei muß das Ohr auf das subtilste geschult werden. Je vorsichtiger und ruhiger man dabei verfährt, desto schneller erzielt man Resultate, die für die Technik eine sehr große Rolle spielen.

Um nun die Etüde nach diesen Gesichtspunkten nach und nach in möglichst einwandfreier Weise zu spielen, bedarf es einiger Wochen der Übung und der stärksten Konzentration. Da die Lösung der verschiedenen Probleme sehr vielseitig und durchaus nicht leicht ist, beschäftigt sich der intelligente Schüler mit größtem Interesse mit ihnen und hat selbst den Wunsch, nicht weiterzugehen, bis er das Pensum beherrscht. Die Resultate sind dann auch in 3 bis 4 Wochen (allein durch das Studium dieser Etüde) sehr groß und werden auf andere Weise nicht in Monaten erreicht. Der Schüler hat sich eine neue natürliche Haltung der Hand angewöhnt, er beherrscht den Anschlag mit dem ganzen Arm, er hört die geringsten Unebenheiten sowohl in Tonstärke wie in Tondauer und hat hierdurch die Fähigkeit erworben, die Finger so zu schulen, daß sie das tun, was der Kopf befiehlt. Vor allem hat der Schüler auch gelernt, strenge Anforderungen an sich selbst zu stellen und einzusehen, wie schwer es ist, auch ein solch einfaches Stück, das für Anfänger und Kinder geschrieben ist, in möglichst vollkommener Weise zu spielen.

b) Invention C-Dur von J. S. Bach

Mit Beginn der zweiten Unterrichtswoche mache ich meine Schüler gleichzeitig mit einem anderen Anschlag vertraut, der, obwohl er nach meiner Meinung fast der wichtigste ist, viel zu wenig beachtet wird, ja sehr vielen völlig fremd ist und bleibt. Wesentlich ist hierbei auch, daß der Schüler diesen Anschlag *bewußt* bringt und die Vorteile, die er bietet, kennt. Es ist der Anschlag, mit dem man ein wunderbares *legato-legatissimo* ausführen kann, der nicht geklopft und hart klingt und dem Schüler wesentlich beim „Singen" auf dem Klavier behilflich ist. Gerade für diesen Anschlag ist die von mir gelehrte natürliche Haltung der Finger von größter Bedeutung, weil sie gestattet, das feine Gefühl in den Fingerspitzen auszunützen, das bei zu starker Krümmung der Finger verlorengeht.

Wir bringen den Ton durch einen zunächst möglichst sanften Druck auf die Taste hervor, wobei Vorbedingung ist, daß der Finger die Taste *überhaupt nicht verläßt.* Druckspiel. Auch hierbei muß in dem Arm des Spielers das Gefühl vollständiger Relaxation lebendig bleiben. Mit diesem Anschlag lassen sich die feinsten Nuancen und die raffiniertesten Abtönungen erzielen. Giesekings farbenreiches Spiel impressionistischer Musik (Debussy, Ravel u. a.), das von Musikern und Kritikern der ganzen Welt in gleicher Weise als unübertroffen bezeichnet wird, beruht auf der Ausnutzung aller Möglichkeiten dieser Anschlagsart.

Zur Erlernung des genannten Anschlags lasse ich die erste zweistimmige Invention von Bach benutzen, die durch ihn meines Erachtens den richtigen Toncharakter im Vortrag erhält. Das Notenbild muß man sich als nächstliegende Aufgabe völlig zu eigen gemacht haben, um auf die Erlernung des legato-Anschlags die ganze Aufmerksamkeit richten zu können. Das Notenbild wird schnell durch Reflexion etwa auf folgende Weise, die auch gleichzeitig einen Einblick in den Aufbau der Komposition gewährt, dem Gedächtnis eingeprägt.

Zunächst orientieren wir uns wieder über Takt und Tonart: $^4/_4$ und C-Dur. Das Motiv beginnt mit dem 2. Sechzehntel und besteht aus 4 aufwärts steigenden, skalenförmigen Tönen, zwei abwärts gehenden

24

Zweistimmige Invention

Terzen und endigt mit einem Quintensprung. (Der letzte Quintensprung ist im Verlauf der Invention häufig geändert.) Das Motiv kommt notengetreu nach dem 3. Viertel in der Unterstimme; dazu kommt in der Oberstimme als Kontrapunkt in Achteln c" h' c" d". Das Motiv wiederholt sich im 2. Takt in der Oberstimme von g' aus, also g' a' h' c"– a' h' g' – Quintensprung nach d". Ferner beginnt die Unterstimme im 2. Takt mit dem zum Motiv gehörigen Quintensprung, dem die tiefere Oktave als Kontrapunkt in Achteln nachfolgt. Im 2. Sechzehntel des dritten Viertels kommt das Motiv in der Unterstimme ebenfalls auf g mit dem Unterschied, daß der Quintensprung in einen Quartensprung umgewandelt ist. Im 3. Takt finden wir Umkehrungen des Motivs, die viermal genau durchgeführt sind, nur ist hier jedesmal der Quintensprung in einen Sekundenschritt abgeändert. Diese Umkehrungen folgen sequenzartig immer von der nächsttieferen Terz aus, so daß die Takte 3 und 4 durch Reflexion leicht auswendig zu spielen sind. In der Unterstimme sind als Kontrapunkt 4 aufeinanderfolgende Achtel (h c' d' e'), dann folgen in ähnlicher Weise vier von g und schließlich sechs Töne der Skala von e aus. Der intelligente Leser und Spieler wird nun in der Lage sein, die vier ersten Takte der Invention nach aufmerksamem Lesen ohne Noten spielen zu können. Ich stelle diese Aufgabe allen meinen Schülern, die sich mit ihrer Lösung ohne Schwierigkeit abfinden.

Im 5. Takt finden wir das Motiv in der Unterstimme von d aus mit der Abänderung des letzten Sprungs in einen Quartensprung, darauf skalenförmige Töne in Achteln aufwärts von H bis g. In der rechten Hand hatten wir als Anfangston eine Achtelnote a, darauf folgt der Septimensprung d' c" und im 2. Sechzehntel wieder das Motiv in der Umkehrung. Im 6. Takt setzt sich der Terzengang bis zum d" fort, und die Kadenz nach G-Dur beendigt den ersten Teil der Invention.

Hat der Schüler das Notenbild fest im Gedächtnis, und ist er imstande, diese Takte sicher zu spielen, so können wir uns mit aller Aufmerksamkeit und Konzentration der Ausführung des zu lernenden Druckanschlags widmen. Wir wählen für das Spiel der Invention wieder ein sehr langsames Tempo, um in der Lage zu sein, den Anschlag eines jeden einzelnen Tones genau vorzubereiten und die Ausführung der Bewegungen genau zu kontrollieren. Es ist auch hier wieder der größte Wert auf gleichmäßige Stärke der Töne und auf Relaxation zu legen, um so die Technik der Finger schnell und aufs beste zu entwickeln. Das Durchspielen der Invention ist beim Studium derselben nicht ratsam, ja ich verbiete es geradezu. Ich halte es für praktisch, immer nur kleine Stellen und diese lange zu üben, damit die vom Ohr aufgedeckten Unebenheiten sofort und wiederholt korrigiert werden können. Das ist bei größeren Abschnitten sehr schwer und langwierig, wenn nicht gar unmöglich, also unvorteilhaft. Die beschriebene Art des Übens bildet die Finger in ungeahnter Weise aus und verleiht eine Herrschaft über sie, die den Vortrag letzten Endes vollkommen gestaltet.

Der Pralltriller   Eine große Rolle spielen bei den Bachschen Kompositionen die Verzierungen. Viele lernen deren Ausführung im ganzen Leben nicht richtig, und der Anblick eines Verzierungszeichens macht ihnen Beschwer. Ich bevorzuge für den Schüler die Ausgaben Bachscher Noten, in denen diese mit Zeichen über die Noten gedruckt sind, in denen also die Ausführungen nicht im Notentext eingetragen sind, weil ich will, daß der Spieler sich auch über die Ausführungen der Verzierungen durchaus im klaren ist. Ich werde später auf sie, vor allem auf den Triller, zurückkommen. Bei unserer Invention ist nun eine gute Gelegenheit, den Pralltriller spielen zu lernen, wie er zu Bachs Zeiten üblich war, so also, daß die erste Note mit dem Taktschlag zusammenkommt.

26

Ich zeige dem Schüler, wie kinderleicht die schnelle Aufeinanderfolge von drei Tönen (z. B. c, h, c) mit relaxierten Fingern zu spielen
ist, und lasse ihn diese Notenfolge etwa in der Geschwindigkeit, wie
sie beim Pralltriller üblich ist, so lange spielen, bis er sich an die tadellose Ausführung gewöhnt hat. Beim Üben des Pralltrillers sind alle
möglichen Fingersätze zu nehmen. – Da, wie gesagt, der erste Ton
des Pralltrillers auf den Taktschlag kommen muß, schlagen wir ihn
also mit dem auf denselben Taktteil fallenden Ton zusammen an. Es
ist darauf zu achten, daß dieses absolut genau geschieht und nicht
einen winzigen Moment zu früh, sonst wird nach und nach unexak-
tes Spiel die Folge sein; die richtige Ausführung dagegen hilft das Ohr
auf Rhythmus trainieren. Nach dem alleinigen Üben des Pralltrillers
lasse ich einige Töne, die ihm vorangehen und folgen, dazu spielen,
denn häufig wird er, sobald er mit vorhergehenden und nachfolgenden Noten zusammen gebracht wird, wieder steif ausgeführt, während er allein gelingt. Bei steifer Ausführung ist er immer wieder allein
zu studieren. Wird diese Art des Übens des Pralltrillers mit aller Vorsicht und Konzentration zwei oder drei Tage mit ganz besonderer
Beachtung und Relaxation fortgesetzt, dann hat der Schüler *für immer*
gelernt, einen Pralltriller richtig und korrekt zu spielen.

Beim Studium dieser ersten Invention lernen wir also den schö- *Ziel des Übens*
nen, gesangvollen Anschlag des Druckspieles bei absoluter Relaxation und die exakte Ausführung des Pralltrillers. Es wird dann allen
Schülern auffallen, daß durch dieses gutkontrollierte, ebenmäßige
Spiel der Eindruck der Invention, auch ohne daß auf den Vortrag
geachtet wurde, viel besser geworden ist, als sie es bei ihrem Spiel
sonst gewöhnt waren. Bewirkt werden diese Resultate lediglich durch
die Trainierung des Ohres und die dauernde Konzentration bei der
Ausführung des jeweiligen Anschlags. Es ist für die Technik ganz überflüssig, viele von den Inventionen zu spielen, da man die gewünschten Resultate durch entsprechend *längeres* Verweilen bei vielleicht
zwei oder drei Inventionen viel schneller erreicht. Alle Schüler zeigten das größte Interesse, die weitgehendste Vollkommenheit in der
Ausführung zu erzielen. Jeder bemerkte die Schnelligkeit des Vor-
wärtsschreitens in Sicherheit und Technik und fühlte, daß diese
Fortschritte nicht durch oberflächliches Studium vieler Inventionen
erreicht werden können.

Auf Phrasierung und Vortrag komme ich später zurück, jedenfalls
machten sie keinem einzigen meiner Schüler, die die Inventionen in
der vorgeschriebenen Weise studiert hatten, irgendwelche Schwierigkeiten.

27

c) Dreistimmige Invention C-Dur von J. S. Bach

Ich lasse nun das Studium der ersten dreistimmigen Invention, die sehr instruktiv ist, folgen. Wenn der Schüler gelernt hat, diese neue Aufgabe zu bewältigen, wird er in der Lage sein, alle Fugen und Präludien des wohltemperierten Klaviers notengetreu studieren zu können, und wird hinsichtlich der Genauigkeit nie im unklaren sein. Wir studieren also diese Invention mit der denkbar größten Sorgfalt, lernen z. B. das wiederholte Anschlagen desselben Tones im absoluten *legato*. Die Taste wird dabei zu etwa ³/₄ in die Höhe gehoben, daß der Ton immer weiterklingt, und dann von neuem niedergedrückt. Dadurch ist auf unseren Klavieren ein absolutes *legato* desselben, zweimal aufeinanderfolgenden Tones möglich. Ich lehre ferner, mit dem Daumen von einem Ton zum anderen zu rutschen, wodurch ein *legato* zum wenigsten vorgetäuscht wird. – Von großer Wichtigkeit ist die Ablösung der einen Hand durch die andere; dabei wird fast durchweg der Fehler gemacht, daß die ablösende Hand etwas zu früh kommt und der der Ablösung vorhergehende Ton nicht die völlige Länge hat. Dieser Fehler, der aber nur von aufmerksamen und geschulten Ohren gehört wird, bewirkt ein hastiges, unruhiges Spiel der Stelle. Es gilt hier so lange das Ohr zu trainieren, bis es solche kleinen rhythmischen Ungenauigkeiten hört. Diese unendlich oft gemachten Kardinalfehler geben den Stücken, wie ich nochmals betonen möchte, einen anderen Charakter und verändern somit ihre Eigenart unter Umständen vollständig. Daraus folgt, daß die korrekte Ausführung den größten Einfluß auf den richtigen Vortrag hat. Es ist merkwürdig, daß diese Tatsache selbst guten Musikern oft vollständig unbekannt ist oder von ihnen ganz unbeachtet bleibt; für *alle* Pianisten, die ich unterrichtet habe, bedeutete sie etwas ganz Neues. Selbst bei bekannten Klavierspielern findet man die hier gerügten Ungenauigkeiten oft. Ohne sie würden sie mit dem Vortrag ihrer Stücke einen viel größeren Erfolg erzielen. Ich lege deshalb der rhythmischen Genauigkeit die allergrößte Bedeutung für den Vortrag bei und bin immer wieder erstaunt, wie wenig sie sonst beachtet wird. Manche werfen mir pedantisches Vorgehen vor, doch sind das eben solche, die selbst oberflächlich musizieren und keine trainierten Ohren haben.

Um auf die erste dreistimmige Invention zurückzukommen, so ist auch bei ihr das erste Ziel das sichere Auswendigwissen der Noten. Als äußere Handhabe, sich das Motiv einzuprägen, hilft die Überlegung, daß es aus zunächst acht skalenförmig aufwärts gehenden, dann dreien in derselben Richtung und zum Schluß vier abwärts

Mehrfacher Legatissimo-Anschlag desselben Tones

Ablösung der Hände

Ziel des Übens

28

Dreistimmige Invention

Der Fingersatz *über* der Note gilt für die rechte Hand, *unter* der Note für die linke Hand.

gehenden skalenförmigen Tönen besteht. Dasselbe kommt dann im 2. Takt von der Tonika aus, im 3. Takt wieder von der Quinte der Tonart aus und beginnt stets auf dem zweiten Sechzehntel. Haben wir nun durch aufmerksames Lesen das Bild einiger Takte im Kopf, dann beginnt das weitere Studium (Spiel und Üben) derselben. In jedem einzelnen Takt sind eine ganze Reihe von Aufgaben zu lösen, an denen mit völliger Konzentration so lange zu üben ist, bis sie in jeder Hinsicht beherrscht werden. Es ist deshalb ratsam, immer nur *einen* Takt vorzunehmen, bis er mühelos gelingt. Im zweiten Takt sind z. B. folgende besonders zu beachtende Stellen: das *legato* des eingestrichenen c mit der Wiederholung desselben in der zweiten Stimme, und zwar so, daß gleichzeitig damit das gehaltene Viertel der dritten Stimme zur Geltung kommt; die pünktliche Ablösung der Linken durch die Rechte, um die Töne des Motivs gleichmäßig weiterfließen zu lassen; das korrekte Aushalten der Dreiviertelnote in der Oberstimme mit dem 5. Finger, die mit dem folgenden fis durch den übergesetzten 4. Finger ohne jede Lücke verbunden werden muß; im 4. Takt das Untersetzen des 5. Fingers unter den 4. bei Beobachtung völliger Gleichmäßigkeit im Ton; dann das *legato*-Spiel des sich wiederholenden e" mit demselben 5. Finger; dieselbe Ausführung bei dem zweimal aufeinanderfolgenden eingestrichenen a in der zweiten Stimme, wobei die Ablösung des Daumens durch den 2. Finger studiert werden muß; im 5. Takt das Gleiten des Daumens von e' nach d' in der zweiten Stimme, bis ein *legato* beider Töne erreicht ist; im 6. Takt das genaue Aushalten des kleinen e in der 3. Stimme bis zum kleinen d durch den übergesetzten 4. Finger, das sich in absolutem *legato* anschließen muß, und die ebenmäßige Ausführung des Trillers in der Oberstimme.

Diese kurzen Andeutungen mögen genügen. Der Lehrer halte den Schüler an, die bis jetzt erwähnten Stellen auf die denkbar beste und korrekteste Weise auszuführen, um ihn all der großen Vorteile, die sich aus der möglichst idealen technischen Ausführung dieser Invention ergeben, teilhaftig werden zu lassen. Ich betone nochmals, daß die Technik ganz außerordentlich wächst durch eine möglichst einwandfreie, durch intensivste Konzentration kontrollierte Wiedergabe, die uns des Studiums spezieller Etüden für die genannten Probleme enthebt. Wir müssen eben in der Lage sein, die Lösung dieser Aufgaben, die oft verlangt wird, ohne Schwierigkeit auf andere Stellen zu übertragen. Dann gelangt man in kürzester Zeit zur Beherrschung der Finger und damit zur kultivierten Technik. Natürlich muß sich der Studierende bewußt sein, daß immer unbegrenzte Möglichkeiten zum Bessermachen bestehen und daß er, sooft er sich an das Klavier zum Üben setzt, den Versuch machen muß, jede Stelle noch tadelloser herauszubringen. Dann wird er sich in ungeahnter Weise vervollkommnen.

d) Sonate f-Moll, op. 2, Nr. 1 von Beethoven

Im allgemeinen beherrscht der Schüler die bisher durchgenommenen Einzelheiten nach einer Übungszeit von 3 bis 4 Wochen in so weitgehendem Maße, daß wir an das Studium einer Beethovenschen Sonate gehen können. In allen Sonaten dieses Meisters ist ein unendlich reiches Material für Studienzwecke aufgehäuft, so daß es überflüssig erscheint, gleichzeitig eine Etüde zu studieren. Es kommen darin so viele Skalen, Triller usw. in allen möglichen Lagen vor, so viele Anschlagsarten müssen studiert werden, daß eine sorgfältige, gründliche Einstudierung einer einzigen Sonate sowohl den Vortrag als auch die Technik ganz außerordentlich fördert. Durch die Beobachtung aller angedeuteten Feinheiten bleibt das Interesse des Schülers dauernd wach; das Studium wird ihm niemals langweilig, uninteressant und ermüdend werden, wenn er sich all der Aufgaben bewußt ist, sie richtig erkennt und das ernste Bestreben hat, schnelle Fortschritte zu machen.

Nehmen wir als Musterbeispiel die erste Beethovensche Sonate in f-Moll. Folgende Überlegung etwa hilft bei ihrer Einprägung:

Die Sonate beginnt mit dem gebrochenen f-Moll-Akkord von c' bis as", es folgen darauf die Noten eines Doppelschlags über f" im 2. Takt. Dann kommt der Dominantseptimenakkord (g' bis b") mit nachfolgenden Noten des Doppelschlags über g, dann die Wiederholung des 2. und 4. Taktes, hierauf der f-Moll-Akkord in Quartsextlage mit nachfolgenden skalenförmigen Achteln abwärts bis e". In der linken Hand wechseln Akkorde des f-Moll-Hauptdreiklangs mit denen des Dominantseptimenakkords ab; sie sind leicht zu behalten.

Einprägung der Noten

Diese ersten 8 Takte des Hauptthemas sind nach dem Durchlesen, wie wir sehen, durch Reflexion leicht zu merken und können und sollen nun auswendig gespielt und dann geübt werden.

Ich möchte hier eine Bemerkung über die weitere Vervollkommnung des Auswendiglernens im Verlauf der Studienzeit einfügen. Hat man sich daran gewöhnt, derartige Stellen durch Reflexion zu behalten, *dann wird sich nach und nach die Fähigkeit ausbilden, solche Abschnitte beim Durchlesen auch gleich mit dem inneren Ohr zu hören;* damit kommt man in die Lage, die *in der Komposition enthaltenen Gedanken sofort aufzufassen und zu verstehen, so daß die anfangs mechanische Arbeit später reine Geistesarbeit wird.*

Vervollkommnung des Auswendiglernens

Dieses hohe Ziel muß der Schüler nach und nach zu erreichen suchen. Nur ganz wenigen Auserwählten ist die Fähigkeit, den Inhalt einer Komposition sofort intuitiv zu erfassen, als Naturanlage angeboren, und diese allein sind imstande, den Grad von geistiger und manueller Fertigkeit zu erreichen, der das geistige Erfassen einer Komposition fast ohne weiteres Studium und die tadellose technische Ausführung durch die Finger ermöglicht.

In den besprochenen 8 Takten der Sonate lasse ich den schon beschriebenen Anschlag aus dem ganzen Arm, der durchweg viel zu selten verwendet wird, anwenden. Die *staccato*-Noten der gebrochenen Akkorde z. B. lasse ich so ausführen, daß die Taste unmittelbar nach dem Anschlag wieder gehoben wird, und zwar ohne das übliche Stoßen und Zurückschnellen der Hand; dadurch klingt das *staccato*

Staccato-Anschlag

31

weich und angenehm. Diese Art ist zumeist zu verwenden und sollte am häufigsten angewandt werden; dagegen findet das spitze, scharf gestoßene *staccato* selten Anwendung. Die Akkorde der Linken sind bei gut fixierten Fingern und Handgelenk vorsichtig mit dem ganzen Arm niederzudrücken, und es ist darauf zu achten, daß bei jedem Ton „Grund gefühlt" wird, damit kein Ton fehlt oder gegen die anderen abfällt.

Dann noch einige Worte über den Vortrag, der allerdings erst studiert werden soll, wenn die technische Arbeit weit gefördert ist. Die erste Melodienote des 2. Taktes bedarf einer kleinen Hervorhebung. Die Triole beginnt exakt auf dem 4. Achtel. Dieser Doppelschlag ist in gleichmäßigen Notenwerten auszuführen. Das staccierte f, der leiseste Ton im Takt, ist durch leichtes Aufheben der Hand abzukürzen. Der 3. und 4. Takt sind dem 1. und 2. analog zu spielen. Der Vorschlag des 5. Taktes muß deutlich sein, das *sforzando* darf, dem *piano* der Stelle entsprechend, nicht zu stark sein, jedoch im folgenden Takt ein wenig stärker hervortreten. Die Töne des gebrochenen Akkords im 7. Takt müssen gleichmäßig stark aufeinanderprallen, der Melodieton c''' muß der stärkste sein. Gründlich zu studieren ist dann das gleichmäßige Abnehmen der vier folgenden Töne, so daß jeder im gleichen Verhältnis zum vorhergehenden schwächer wird – eine Aufgabe, deren Lösung größte Aufmerksamkeit zu widmen ist. Eine große Rolle spielt hier wieder die Trainierung des Ohres sowie die Herrschaft über die Finger. Durch die möglichst exakte Ausführung solcher Stellen kann der Schüler für Technik und Vortrag außerordentlich viel lernen.

Der Doppelschlag des nächsten 8. Taktes unserer Sonate ist auf dem starken Taktteil zu beginnen und mit gut relaxierten Fingern unter Beobachtung völliger Gleichmäßigkeit auszuführen. Auch bei diesem Doppelschlag empfehle ich besondere Aufmerksamkeit. Das nun folgende e ist der leiseste Ton im Takt und genau mit den Baßtönen zusammen zu nehmen. In der Linken ist die Gleichmäßigkeit in der erforderlichen Tonstärke und -dauer durch den langen Hebel des Armes garantiert. Die verschiedene Tonstärke der einzelnen Akkorde ist gleichfalls zu beachten. Im 9. Takt übt die linke Hand die *staccato*-Noten des gebrochenen Akkords und die darauffolgende Triole, deren ebenmäßige Ausführung durch das Untersetzen des Daumens den meisten Schwierigkeiten bereitet. Die glatte Ausführung muß durch Relaxation erreicht werden. Im 11. Takt ist auf das scharfe Zusammenspiel des Akkordes c–f–as mit Hilfe des Armanschlages zu achten. Die *staccato*-Noten dieses Taktes sind auf ihre richtige Stärke zu kontrollieren, und zwar so, daß die erste Viertelnote etwas stärker als die zweite erscheint, aber doch gegen die Triole *Triolen* zurücktritt. An dieser Stelle möchte ich darauf hinweisen, daß Triolen selten korrekt ausgeführt werden und deswegen auf trainierte Ohren meistens nicht den richtigen Eindruck machen. Eine rhythmisch genau ausgeführte Triole ist vielen Musikern unbekannt. Sehr oft wird sie im Gegensatz zur Absicht des Komponisten nicht genau auf den Taktschlag begonnen. Ferner wird sie meistens zu schnell genommen und somit zu früh beendet. Um dann wieder einigermaßen den notwendigen Ausgleich im Rhythmus zu schaffen, wird dann mit dem Spiel der auf die Triole folgenden Noten meist etwas gewartet. Da man die richtige Ausführung einer Triole so selten hört, lasse ich mich genauer auf diese Frage ein und empfehle aufs angelegentlichste absolute Tongleichheit. Nur dann erzielen die in Frage kommenden Stellen die richtige Wirkung, während ihnen sonst etwas Unruhiges, Hastiges anhaftet. Vielen mögen diese Betrachtungen wieder allzu pedantisch erscheinen. Die richtige Ausführung der Triolen fördert aber die Technik mehr, als im allgemeinen angenommen wird.

Die Takte 12, 13, 14 unserer Sonate sind dem 11. analog zu spielen. Der 15. verträgt in der Mitte ein leichtes *crescendo*. Das g des nächsten Taktes ist also als das Ende einer Phrase *piano* zu spielen, obwohl es auf den starken Taktteil fällt. Die Linke bringt im 16. und *Legato-Oktaven* 17. Takt Terzen, die exaktes Zusammenspiel verlangen. Im 18. und 19. Takt spielt die Rechte Oktaven, die möglichst *legato* klingen müssen. Ich bevorzuge bei solchen Stellen die Ausführung der einzelnen Oktaven jedesmal mit dem 1. und 5. Finger. Große Hände können die Oberstimme allerdings mit dem Fingersatz 5 und 4 absolut *legato* nehmen, aber die Daumenfolge unterbricht das *legato* im allgemeinen für trainierte Ohren deutlich, und ich finde, daß durch den von mir empfohlenen Fingersatz die Stelle einen einheitlicheren Eindruck macht und mehr *legato* klingt. Bei dem Spiel dieser *legato*-Oktaven jedesmal mit 1–5 muß man die erste Oktave so lange wie möglich halten und erst im letzten Augenblick so schnell wie möglich auf die folgende hingleiten. Dabei ist eine Seitenbewegung der Hand, die bei dem Fingersatz 1,5–1,4 auftritt, ausgeschlossen oder doch leicht zu umgehen. Für kleine Hände ist die vorgeschlagene Fingerfolge allein möglich. Auch die häufig vorkommenden Reihen von *legato*-Oktaven, die nicht stufenweise, sondern in größeren Intervallen aufeinanderfolgen, müssen in derselben Weise, also durch das möglichst lange Aushalten der vorausgehenden und blitzschnelles Übergehen in die folgende Oktave ausgeführt werden. Beim Studium unserer Sonate ist auch diese Aufgabe möglichst einwandfrei zu lösen.

Rollung

Im 20. Takt wendet man in der linken Hand am besten die Rollung an. Es ist also hier Gelegenheit, auf die korrekte Ausführung der Rollung als weiteres Problem hinzuweisen. Sie kann mit dem ganzen Arm aus dem Schultergelenk oder mit dem Unterarm aus dem Ellenbogengelenk geschehen. Wir benutzen hier die erste Art und fixieren den 1. und 5. Finger. Die Linke ist so lange allein zu studieren, bis die Rollbewegung gleichmäßig geworden ist, so daß beide Oktaven-Töne in derselben Stärke erklingen und die ganze Bewegung ungezwungen und natürlich wird. Achtet man bei der Ausführung wieder auf möglichste Relaxation, so wird das Spiel leicht, ermüdet nicht und verursacht auch bei längerer Dauer keine Anstrengung. Bei *pianissimo-* und *fortissimo*-Stellen ist die Rollung aus dem Schultergelenk sehr zu empfehlen. Auch für ein Anschwellen vom *pianissimo* zum *fortissimo* und für das *decrescendo* leistet sie wesentliche Dienste, da die Gleichmäßigkeit der Zu- und Abnahme durch den langen Hebel leichter ermöglicht wird. Die Stelle unserer Sonate, bei der die Rollung anzuwenden ist, kann auch als Vorübung für Tremolos benutzt werden.

*Ausführung
von Takt 20
Durchführung*

Die Rechte spielt in diesen Takten die Töne eines Septakkordes, die durch Druckspiel in gutem *legato* gebracht werden können. Für absolutes Zusammenspiel des *sforzando*-Akkordes im 22. Takt, der, dem *piano* der Stelle entsprechend, nicht zu stark genommen werden darf, ist zu sorgen. Die Endtöne es–as der Phrase, vor allem der letzte Ton, sind leise zu spielen. Im 26. Takt muß auf das strenge Zusammenspiel der Achtel der Rechten mit denen der Linken geachtet werden, ferner auf metrisch genaues Spiel und eine Abschwächung des letzten der jedesmal zusammengehörigen Achtel der Rechten. Der Melodieton es im 28. Takt ist korrekt auszuhalten. Der 33. und 34. Takt geben Gelegenheit, die f-Moll-Tonleiter so lange zu studieren, bis man sie ebenmäßig spielen kann. Mit äußerster Konzentration ist auf gleiche Länge und gleiche Stärke aller Töne zu achten, damit das Übersetzen nicht auffällt. Immer wieder ist hier an die Relaxation zu erinnern. Der 37. bis 40. Takt bringen die gleichen Aufgaben. Die Unterschiede der *forte-* und *piano*-Takte dürfen nicht zu gering sein und müssen dem Hörer deutlich bewußt werden; auch die Akzente der Linken müssen deutlich herauskommen. Im 41. Takt ist der klaren, nicht allzu schnellen Ausführung des Vorschlages und der richtigen Dauer der Achtel, gegen die fast immer gefehlt wird, die größte Sorgfalt zu schenken. Die linke Hand bringt in diesen Takten Akkorde, deren Töne streng zusammenklingen und gleichmäßig sein müssen.

Also wieder gute Fixation und „Grund fühlen"! Der *fortissimo*-Akkord ist mit dem ganzen Arm bei guter Fixation der Finger und sonst größtmöglicher Relaxation zu spielen, so daß das Gewicht des Armes auf die Tasten geworfen wird. Manchen macht die Verbindung des vorletzten Akkords mit dem letzten des besprochenen Abschnittes Schwierigkeiten. Dieses *legato* in Verbindung mit dem dynamischen Unterschied beider Takte bedarf aufmerksamen Übens.

Da ich den Weg, den ich bei der Durchnahme einer Komposition im allgemeinen gehe, nur im großen und ganzen zeigen will, begnüge ich mich mit diesen Andeutungen über den ersten Abschnitt unseres Sonatensatzes.

Nun in Kürze noch etwas über den zweiten Satz:

Der *zweite Satz* beginnt mit dem Auftakt (c'), der leiser zu nehmen ist als das erste Viertel (a'). Bei dem Auftakt ist darauf zu achten, daß die Sechzehntelnote ihrem vollen Wert nach gebracht wird, sie ist aber etwas leiser als das vorhergehende Achtel. Der Melodieton a' muß deutlich hervorgehoben werden. Die Bezeichnung „p" ist durchweg für die ganze Stelle maßgebend. Der Doppelschlag ist absolut gleichmäßig in bezug auf die Länge der Töne und schwächer als der Melodieton a zu bringen, und zwar mit relaxierten Fingern. Der Verzierungston c" setzt genau auf dem 2. Viertel ein. Die Achtel b, a, g, f müsen als Melodietöne über den Begleitungsnoten dominieren; sie sollen nicht gleichmäßig stark, sondern der eine kaum merklich immer etwas schwächer als der vorhergehende sein. Der Melodieton f im 2. Takt ist wieder etwas stärker anzuschlagen, das darauffolgende e *legato* mit viel schwächerem Ton anzufügen; die beiden letztgenannten Töne müssen etwa in dem Stärkeverhältnis zueinander klingen, wie die beiden Silben des Wortes „einzig" ausgesprochen werden. Die linke Hand muß als Begleitung wesentlich zurücktreten. In diesen dreistimmigen Takten sind also drei verschiedene Stärkegrade der Stimmen zu spielen: die Melodie etwas stärker als p, die Grundtöne f etwa p, die Mittelstimme noch leiser. Die Töne der Mittelstimme sind analog der Oberstimme zu spielen, nehmen also gegen Ende des Taktes hin (wenn auch sehr wenig) ab. Für den Beginn des zweiten Taktes ist das Stärkeverhältnis der Stimmen analog dem des ersten. Die Auftaktnoten am Schluß des zweiten Taktes vertragen ein minimales Anwachsen bis zum Melodieton f' des 3. Taktes, der wieder hervorgehoben werden muß. Bei dem Melodieton c ist ein leichtes Absetzen und eine ebensolche Abschwächung möglich. Das 2. und 3. Viertel sind ähnlich dem 1. zu spielen, mit einer Abschwächung gegen das Ende hin. Der Vortrag des 4. Taktes ist analog dem 2. Die tieferen Ter-

Ausführung des 2. Satzes

Unterscheidung der verschiedenen Stimmen (polyphones Spiel)

35

zen haben stark zurückzutreten. Das Verhältnis der Akkordnoten der Linken zueinander ist dasselbe wie in den vorhergehenden Takten. Die Auftaktnoten des 4. Taktes vertragen ein leichtes *crescendo* bis zum a' des 5. Taktes. Das *crescendo* des 6. kann ziemlich stark sein, damit die Sechzehntel der Rechten recht gesangvoll vorgetragen werden können.

Das Spiel dieser ersten Takte mit dem eben erläuterten natürlichen Vortrag ist recht schwer und bedarf größter Aufmerksamkeit des Ohres. Bei richtiger Ausführung wird der Spieler sowohl für das Ohr als auch für die Technik sehr viel lernen, denn es gehört eine große Beherrschung der Finger dazu, die angedeuteten Aufgaben richtig zu lösen. Auf den Gewinn für die Technik habe ich früher schon aufmerksam gemacht; bei richtigem Studium der beschriebenen Stellen wird das Spiel gar mancher Etüden überflüssig.

Der 17. Takt des 2. Satzes bringt in der linken Hand Terzen, die in der Stärke erheblich gegen die Melodietöne zurücktreten und streng zusammen angeschlagen werden sollen. Die letzte muß die leiseste sein, aber von derselben Dauer wie die vorhergehenden.

Bei den Achteln des 27. Taktes wird häufig geeilt; diese Töne verlangen eine Abnahme der Tonstärke, jedoch ist ein Anschwellen zum *sforzando* des nächsten Taktes auch denkbar. Diese Achtel sind stärker als die vorhergehenden *pianissimo*-Töne, vielleicht *mezzopiano* zu nehmen. Im 29. Takt sind die sich ablösenden Triolen sorgfältig zu üben. Eine Schwierigkeit ist hier zu überwinden: Der zweite Ton der *Ablösung der Hände* Triole muß unbetont sein, während die Linke zu gleicher Zeit mit einem etwas betonten Triolensechzehntel einsetzt und das dritte *piano* anschließt. Es wird also abwechselnd das Zusammenspiel der unbetonten Rechten und der etwas betonten Linken verlangt. Um die hierzu notwendige Unabhängigkeit beider Hände zu erzielen, bedarf es einer starken Konzentration, eines langsamen Spiels und einer anfänglich starken Übertreibung im Betonen sowohl in der Rechten als in der Linken. Gegen die taktmäßige Ablösung beider Hände wird fast durchweg stark gefehlt; das trainierte Ohr muß helfen. Der technische Nutzen, den man durch die Beherrschung dieser kleinen Stelle erreicht, ist recht groß, z. B. hat man dann auch den 36. Takt gleich *Zusammen-* in den Fingern. – Der 37. Takt bringt die schwere Aufgabe des *spiel* gleichzeitigen Zusammenspiels von drei Noten in der Linken und vier *verschiedener* Noten in der Rechten. Hier ist eine Vorübung am Platz. Die sechs *Rhythmen* Noten des letzten Viertels in der Linken werden einige Male in mäßigem Tempo bei lautem Achtelzählen hintereinander gespielt, darauf die Zweiunddreißigstel der Rechten direkt anschließend, also ohne

Unterbrechung in demselben Tempo ebenfalls einige Male. Wesentlich ist hierbei, daß das *Achtelzählen laut geschieht und nicht unterbrochen wird* und daß das Hintereinanderspielen der Linken und Rechten im genau gleichen Tempo erfolgt. Es sind absolut gleichmäßig zu nehmende Triolen mit wiederum gleichmäßigen Zweiunddreißigsteln in gleichen Zeitabschnitten hintereinander zu bringen, um das Ohr an die verschieden lange Dauer der Triolensechzehntel und Zweiunddreißigstel zu gewöhnen. Die Anwendung des Metronoms ist dabei sehr praktisch. Ist die gleichmäßige Verteilung von drei und vier Noten auf ein Achtel erreicht, dann spielen wir abwechselnd rechte Hand – linke Hand drei- bis viermal einzeln und versuchen dann einmal dazwischen das Zusammenspiel, ebenfalls ohne die Taktschläge zu unterbrechen, und hören bald auf die eine Hand, bald auf die andere. Immer und immer wieder gehen wir auf das mehrmalige Einzelspiel der Hände zurück, bis das Zusammenspiel gelingt. Ist diese Aufgabe voll gelöst, dann sind wir durch die erzielte Unabhängigkeit beider Hände einen sehr großen Schritt in der Technik weitergekommen. – Der 6. Takt vor dem Schluß wird fast immer zu langsam gespielt; auf richtiges Tempo ist hier also zu achten.

Die Melodietöne im Anfang des *dritten Satzes* der Sonate (as, b, g) *Ausführung des 3. Satzes* müssen wesentlich stärker klingen als die dazugehörigen tieferen Sexten. So werden diese ersten Sexten zu einem recht schweren Problem; dazu kommen noch die Vortragsnuancen. Das Viertel b muß stärker klingen als der Auftakt, das g muß dann wieder zurücktreten. Die vierstimmigen Akkorde im 3. Takt verlangen wieder ein deutliches Hervorheben der Melodietöne, die vollkommen *legato* sein sollen, und ein starkes Zurücktreten der Mittelstimmen. Das fünfmal wiederkehrende c in der zweiten Stimme ist absolut *legato* und vorsichtig anzugeben. Die Terzen im Baß müssen ebenfalls stark zurücktreten und mit den übrigen Akkordtönen genau zusammen angeschlagen werden. Der Melodieton b im 4. Takt ist etwas hervorzuheben, das as muß in der Tonstärke wieder der leise angesprochenen Endsilbe eines Wortes ähneln. Die Beherrschung dieser 4 ersten Takte fördert den Spieler wiederum ungemein.

Im 15. und den folgenden Takten erscheint wieder die vorher beschriebene Ablösung beider Hände mit den umgekehrten Betonungen. Auf die *legato*-Führung der *fortissimo*-Sextakkorde im Trio ist ebenfalls besonderes Gewicht zu legen, da sie sehr schwierig ist; auch das *crescendo* und *decrescendo* bedarf der Gleichmäßigkeit.

Bei dem *letzten prestissimo*-Satz muß bei den vollgriffigen Akkor- *Ausführung des 4. Satzes* den der 5. Finger der rechten Hand besonders stark angeschlagen

37

werden, wodurch sie einen helleren Klang bekommen. Die gebrochenen Akkorde der Linken verlangen Egalität, die vor allem dann schwierig ist, wenn der Akkord sich über zwei Oktaven ausdehnt. Auch finden wir hier wieder Übungsstoff an einer Tonleiter. Das Zusammenspiel von Achteln und Triolenachteln, von denen die ersten wieder durch Rollbewegungen ausgeführt werden, dient wieder zur Befestigung des gleichmäßigen Spiels von gleichen Achteln und Triolen. Der letzte Satz bringt keine weiteren neuen Probleme, aber er gibt uns Gelegenheit, die Finger in einer Weise auszubilden, wie es bei keiner Spezial-Etüde besser erreicht werden kann. Die Ausführung der Oktaven (1, 5), die Führung der Kantilenen, die Akkordbegleitung in der Linken usw. sind eben eingehend besprochen.

Wir erkennen beim Studium der Sonate, wie außerordentlich instruktiv sie ist, welch ungeheurer Nutzen aus ihrem eingehenden Studium erwächst. Ein längeres Verweilen dabei ist also zweifellos wertvoll. Wird der begabte Schüler darauf aufmerksam, wieviel er hier an Technik gewinnt, und merkt er, wie ihm das Stück auch dem Inhalt nach vertraut wird, so wird sein Interesse daran nicht erlahmen, im Gegenteil, er wird mit immer größerem Eifer alles das, was an Technik und Vortrag zu lernen ist, zu möglichster Vollkommenheit zu bringen suchen und immer größere Freude an der Interpretation finden.

III. Der natürliche Vortrag

Nun etwas Allgemeines über den natürlichen Vortrag.

Exaktes Spiel   Häufig glaubt der Pianist, er müsse im Vortrag die Notation des Komponisten, vor allem hinsichtlich des Rhythmus, ändern. Er tut das häufig unbewußt, weil er nicht richtig lesen kann, weil er oberflächlich dahinspielt oder weil er glaubt, es sei interessanter oder „ausdrucksvoller", eine Folge von Sechzehntel-Noten z. B. ungleich und stark *rubato* zu spielen, obwohl der Komponist sie als gleichwertig hingeschrieben hat. Ein Teil des Publikums zollt solchen Verzerrungen wohl Beifall, aber die bedeutendsten, angesehensten Musiker sind stets auf äußerste Korrektheit in ihren Interpretationen bedacht und lehnen jede Eigenwilligkeit den Absichten des Komponisten gegenüber strengstens ab. *Absolut korrekte Ausführung ist die einzige Grundlage*, auf welcher eine bedeutende Interpreten-Leistung aufgebaut werden kann.

Gewiß würde es zu weit führen und das Notenbild unklar machen, versuchte der Komponist alle Veränderungen, die in seiner Absicht liegen, genau hinzuschreiben. Es bestehen aber für derartige Abänderungen rhythmische und stilistische sowie Formgesetze, die man kennen und fühlen muß. Man muß also wissen, wo ein minimales *accelerando* oder *ritardando* erlaubt und am Platze ist. Mit den Grundzügen der Agogik, unter der wir keine Ungleichheit der Töne, sondern proportionales minimales *ritardando* oder *accelerando* verstehen sollen, wollen wir uns nun etwas näher befassen. Es ist eine altbekannte Tatsache, daß jede Phrase ihren Höhepunkt hat, bis zu welchem häufig ein kleines Vorwärtsgehen im Tempo, ein kleines Anwachsen in der Dynamik angebracht ist, während vom Höhepunkt bis zum Ende das Gegenteil eintreten soll. Wenn diese Feinheiten nun in der richtigen Weise, d. h. in natürlicher Proportion ausgeführt werden, so dienen sie jedenfalls zur Belebung der Phrase, entsprechen dem natürlichen musikalischen Gefühl und verstärken den Ausdruck. Selbstverständlich ist darauf zu achten, daß diese agogischen Veränderungen nicht übertrieben werden. Das richtige Gefühl hierfür muß anerzogen werden, und unermüdlich sollte der Lehrer auf die richtig proportionierte Ausführung der Modifikationen des Tempos hinweisen und über keine Stelle hinweggehen. Es ist eben nötig, alle Teile der Komposition technisch absolut sicher zu beherrschen, um die Forderungen des natürlichen Vortrags erfüllen zu können.

Agogik

Wenn Überlegung und Logik uns gezeigt haben, welche Töne betont werden müssen, wo ein Anwachsen, ein Abschwellen, ein Langsamer- und ein Schnellerwerden richtig ist, und wenn wir dieser Auffassung mit aller Präzision technisch gerecht werden, so werden wir finden, daß das Gefühl dadurch wesentlich beeinflußt wird, daß wir wärmer empfinden lernen. Ich habe allen meinen Schülern vorher gesagt: „Ich werde eure Empfindung steigern und beleben", und wenn sie vorher den Kopf schüttelten, so haben sie mir später die Richtigkeit meiner Voraussagen begeistert zugegeben. Ich führe dies an, weil viele behaupten, in der Musik müsse das Gefühl vorherrschen und nicht der Verstand; aber ich bin der Meinung, daß der richtige, überzeugende Vortrag nur durch die Verbindung beider erzielt wird. Die ungenauen, unproportionierten Ausführungen eines *crescendo*, *diminuendo*, *ritardando*, *accelerando*, gegen die Hans von Bülow so geeifert hat, nehmen dem Vortrag seine Natürlichkeit und schädigen die Musikalität des Schülers auf das bedenklichste. Diese Schädigungen sind eine Tatsache, über die sich die allermeisten Pädagogen nicht klar sind. Unsicherheit und Ungenauigkeit in Rhythmus und Dynamik

Bedeutung der Reflexion für das Musikempfinden

setzen sich derart im Kopf fest, daß sie, wie ich schon früher sagte, nur mit Zeitverlust, vielleicht überhaupt nicht mehr gutzumachen sind.

Der Vortrag ist abhänig von der richtigen Anschlagsart. Viele Stellen sind am besten nur mit bestimmten Anschlagsarten auszuführen. Und jedesmal die geeignete herauszufinden, d. h. diejenige, mit der sich der Vortrag am leichtesten, richtigsten und geschmackvollsten ausführen läßt, ist es wohl nötig, daß der Lehrer ein guter Pianist ist oder war, daß er die Vorteile der einzelnen Anschlagsarten selbst ausprobiert hat und sie beherrscht. Manche scheinbar sehr schwere, kaum auszuführende Stellen sind durch Reflexion über die Anwendung der richtigen Anschlagsweise unter Umständen leicht auszuführen. Natürlich gibt es auch Stellen, bei denen sich die Gelehrten durchaus einig sind, wie der Vortrag richtig auszuführen ist. Gewiß, auch die Notation des Komponisten läßt manchmal im Stich. Und doch bietet auch bei solchen Stellen die Notation gewisse Handhaben, um den Vortrag, den der Komponist wünscht, herausfinden zu lassen. Ich habe gefunden, daß es durchaus nicht viele strittige Auslegungen gibt und daß natürlich empfindende Künstler nicht weit in ihren Auslegungen auseinandergehen. Es ist mir fast immer gelungen, meine Schüler von dem Vortrag der Stücke so zu überzeugen, daß sie ihn genau nach meinen Angaben ausführten, und zwar mit einer Wärme und Intensität, die mir die Übereinstimmung unserer Anschauung bekundete. Ihre in Worten ausgedrückte Zustimmung war es also nicht, die mich davon überzeugte, sondern die musikalische Ausführung. An Hunderten von Beispielen habe ich meine Schüler die Stärke eines Tones im Verhältnis zu anderen Tönen feststellen lassen und dann gefunden, daß die Ausführungen meinem Gefühl entsprachen, was ich als Beweis für die Richtigkeit meiner Auslegung ansehen muß. Das Vorsingen kleiner Abschnitte ist häufig ein wirksames Mittel, um die Schüler zu überzeugen. – Zum richtigen Vortrag einer Stelle gehört also zunächst die Überlegung, wie weit der musikalische Gedanke reicht und wo sein Höhepunkt ist; dann gehört dazu die Beherrschung in technischem Sinne, damit der Ausführende befähigt ist, ungehindert das wiederzugeben, was er fühlt.

IV. Über das Üben

Jetzt noch einiges über das Üben, und zwar über die Art des Übens, die nach meiner Ansicht bei weitem am schnellsten zum Ziel, zur größtmöglichen Vollkommenheit führt. Es ist eine der wichtigsten

Aufgaben des Lehrers, vielleicht die wichtigste, den Schüler richtig üben zu lehren. Der Pädagoge erwirbt sich ein großes Verdienst, wenn er dem Schüler immer wieder die rechten Wege weist und dafür sorgt, daß der Studierende von ihnen nicht abgeht.

Die meisten Lehrer lassen ihre Schüler die zu übenden Stücke nur ungefähr studieren. Im Gegensatz hierzu behaupte ich auf Grund jahrelanger Erfahrung und Bestätigung: *Die größten Fortschritte in technischer und musikalischer Hinsicht sind von dem Augenblick an zu erzielen, von dem an die meisten Lehrer dem Schüler ein neues Stück geben, obwohl an dem alten noch viel, ja das Wichtigste zu lernen ist.* Die Lehrer wechseln das Stück, weil sie denken, das Interesse des Schülers erlahmte sonst; *aber gerade die subtilste Ausarbeitung aller Teile einer Komposition bringt den größten Vorteil und Nutzen und sichert die besten Fortschritte.* Wenn die meisten denken, sie seien mit einem Stück „fertig", beginnt die wichtigste Arbeit zur Trainierung des Ohres und damit die Zeit, wo der musikalische Schüler das größte Interesse am Studium durch das Ausarbeiten der Einzelheiten bekommt. Jetzt erst erhält er einen Begriff von den unbegrenzten Verbesserungs- und Fortschrittsmöglichkeiten. Er „lebt sich ein" in die Feinheiten der Komposition, die, wie ich gefunden habe, in ihm eine große Spielfreudigkeit und Lust am Musizieren hervorrufen und deren Beachtung ihm eine fast absolute Sicherheit im Spiel gewährleistet, so daß er sogar oft das Angstgefühl auf dem Podium ganz verliert.

Das Üben besteht in der Wiederholung irgendeines Abschnittes und wirkt etwa in folgernder Weise:

Bei dem ersten Spielen eines Teiles einer Komposition bleibt davon im Gehirn ein Bild, das nach der Veranlagung des jeweiligen Schülers verschieden deutlich ist. Im allgemeinen ist es ein ganz schwacher Eindruck im Gedächtnis, ähnlich einer undeutlichen Photographie, die zu schwach belichtet ist. Durch öfteres Wiederholen wird das Bild immer stärker und gleicht schließlich einer absolut klaren und scharfen Photographie. Werden Fehler beim Durchspielen gemacht, so ergeben sie natürlich ebenfalls im Gehirn ein Bild; dieses falsche Bild muß durch Korrektur wieder verbessert werden. Dieser Vorgang ist oft sehr zeitraubend, und eingeübte Fehler, vor allem im Rhythmus, sind kaum wiedergutzumachen. Deshalb ist es für den Schüler, der schnell vorwärtskommen soll, von besonderer Bedeutung, daß er gleich von vornherein keine Fehler macht. Das wird in erster Linie durch sehr langsames Spielen, durch intensive Konzentration auf absolut genauen Rhythmus (vielleicht durch lautes Zählen) und durch Benutzung des richtigen Fingersatzes erreicht.

Nie Fehler machen!

41

Diese Konzentration bewirkt, daß man gewöhnlich kleine Stellen schon nach wenigen Minuten absolut sicher spielt, was sonst häufig erst nach Tagen, Wochen erreicht wird. Ich halte es, wie gesagt, für schädlich, anfangs auf den Vortrag Rücksicht zu nehmen, denn er kann nicht korrekt und richtig sein, weil der Kopf von vornherein mit zu vielen technischen Problemen in Anspruch genommen wird. Wenn der Vortrag aber nicht richtig ist, so kommen die einzelnen Stellen falsch ins Ohr, und es muß die zeitraubende Korrektur wieder vorgenommen werden. Hat man einen kleinen Abschnitt gut einstudiert, dann nimmt man ein kleines Stückchen weiter (es muß nicht unbedingt das Ende einer Phrase sein!), und dieses zweite Stückchen studiert man in genau derselben aufmerksamen Weise wie das erste. Drei oder vier solche kleine Abschnitte geben dann vielleicht einen zusammenhängenden Gedanken, den man nun im Zusammenhang üben kann. Der Einwurf, es sei besser, immer nur zusammengehörige Phrasen zu studieren und nicht Stücke derselben, ist absolut nicht stichhaltig. Die hier vorgeschlagene Weise des Studierens schädigt die Musikalität nicht. Im Gegenteil! Durch sie ist in kürzester Zeit der Schüler imstande, die kleinen Abschnitte einer Phrase besser zu spielen und dann die Phrase im Zusammenhang vollendeter einzustudieren.

Kleine Abschnitte spielen!

Die ununterbrochene Konzentration ermüdet vielleicht schon nach 20, 30 Minuten. Das Weiterüben hat dann keinen Sinn mehr, denn es zeitigt kaum noch nennenswerte Resultate: ich verbiete daher dem Schüler, anfangs länger als die angegebene Zeit hintereinander zu üben, da sonst die Gedanken abschweifen und das weitere Spiel eher schädlich als nützlich ist. Nach dieser kurzen Übungszeit soll eine längere Pause eintreten, die die Ermüdung des Kopfes ausgleicht. Der Schüler beginnt vielleicht eine Stunde später wieder mit der Arbeit und nimmt die zuerst geübten Stellen noch einmal vor. Macht er es am Tage fünf bis sechs halbe Stunden in dieser Weise, so genügt diese Zeit selbst für Konzertspieler. Fünf, sechs, sieben Stunden Klavier zu spielen ist schädlich für die Gesundheit und geschieht größtenteils ohne Konzentration. Die Kopfarbeit, die ich verlange, bedeutet natürlich eine große Anstrengung und ist bei Denkfaulen sehr unbeliebt. Sie ist aber die einzige Weise, in der man wirklich gute, ja erstaunliche Resultate erzielen kann. Jeder Klavierpädagoge behauptet nun zwar, er verlange Kopfarbeit, doch soll man es nicht für möglich halten, wie wenig diese in Wirklichkeit benutzt wird. Ich habe von vielen hundert Schülern, die zum Teil sehr intelligent und talentiert waren und bei allen möglichen namhaften Klavierpädagogen stu-

Kurze Zeit, aber angespannt spielen!

diert hatten, nicht einen einzigen gefunden, der auch nur einigermaßen richtig den Kopf beim Üben benutzt hatte. Die Beteuerung
derer, die behaupten, die Kopfarbeit richtig anzuwenden, ist meistens
eine Redensart. Es erfordert eine unermüdliche Geduld, den Schüler
immer wieder zur Konzentration zu bringen, für die das Auswendigspielen Voraussetzung ist.

V. Über spezielle technische Aufgaben

a) Etüdenspiel

Auch die Erzielung guter Technik ist eine geistige Arbeit. Ist diese Arbeit
intensiv durch starke Konzentration, so kommen auch die Erfolge in
der Technik schnell, und es werden dann manchmal geradezu Wunder
erzielt. Fast durchweg wird aber der Kopf so wenig in Anspruch
genommen, daß viele Jahre und tägliches stundenlanges Üben erforderlich sind, um eine einigermaßen brauchbare Technik zu erzielen.
Ich bin kein absoluter Gegner von Fingerübungen, Tonleiterspielen
und Akkordstudien, kein absoluter Gegner des Etüdenspiels, doch bin
ich der Meinung, daß diese Mittel zu Erreichung der Technik im allgemeinen in viel zu weit gehendem Maße benutzt werden. Das stun-
denlange Tonleiter- und Etüdenspielen, das durchweg ohne Konzentration geschieht, ist ein großer Umweg, der merkliche Schädigungen
für die Gesundheit ergibt, die geistige Frische des Schülers beeinträchtigt, sogar häufig einen Zusammenbruch der Nerven vor oder
nach dem Musik-Examen, das die Seminaristen heutzutage machen
müssen, zur Folge hat. Ich lasse nur ganz wenige Etüden spielen, diese
wenigen aber in größtmöglicher Vollkommenheit. Der Einwurf, angehende Lehrer müßten über das oft benutzte Etüden-Material, also
Stephen Heller, Bertini, Cramer, Clementi, Moscheles usw., orientiert
sein, ist teilweise gerechtfertigt, aber diese Etüden soll man nach
meiner Meinung durch Vomblattspielen kennenlernen und dadurch,
daß man sich mit dem Zweck der einzelnen vertraut macht. Das Vomblattspielen ist überhaupt für die Ausbildung ungeheuer wichtig und
soll wesentlich helfen, gute Musik kennenzulernen. Eingehendes Studium ist aber nur an einzelnen instruktiven Etüden durchzuführen,
aber in so intensiver Weise, wie ich es bei der kleinen Etüde anfangs
gezeigt habe. Wenige gründlich erfaßte Etüden genügen dann zur
Erreichung einer stark entwickelten Technik, die auf diese Weise in
auffallend kurzer Zeit zu erzielen ist, während die ungefähre Bewäl-

tigung *vieler* Etüden nur sehr langsam fördert, viel Zeit kostet und auf die Nerven geht. Es wurde mir auch vorgehalten, das Studium vieler Etüden sei notwendig, weil sie zum Teil Meisterwerke seien – das mag richtig sein, aber das Studieren geschieht auf Kosten der Beschäftigung mit unseren Klassikern, für die die Arbeit an Etüden ja nur Vorbedingung sein soll. Es erscheint mir viel wichtiger, die zu Gebote stehende Zeit mit dem Studium möglichst vieler klassischer Werke, wie Sonaten von Beethoven, Mozart, Haydn, Schubert usw., auch Kammermusik und Orchesterwerke auszunutzen. Jeder wird mir zugeben, daß dieses Material musikalisch höher steht als selbst beste Etüden und daß ein genaues Studium jener Werke viel tiefer in die Eigenart des Komponisten einführt und den Spieler immer mehr begeistert. Das kann allerdings nur *der* Pädagoge schätzen und bewerten, der es versteht, den Schüler auf die Schönheiten unserer Klassiker aufmerksam zu machen. Die meisten Pianisten kennen zu wenige Werke guter Komponisten, überhaupt viel zu wenig „Musik".

Meine Ausführungen dürften für viele etwas Neues bedeuten, denn sie weichen von der üblichen Auffassung und Unterrichtsweise stark ab.

b) Skalen

Bis zu einem gewissen Grade ist ja das Spiel von Fingerübungen und Tonleitern nicht zu umgehen. Ich möchte daher noch einige Bemerkungen machen, deren Beachtung ich bei ihrem Studium für vorteilhaft erachte. Das Ohr spielt hier wiederum die größte Rolle. Oft wird der Hauptfehler gemacht, die Tonleitern zu viel mit beiden Händen zusammen üben zu lassen. Das Tonleiterspiel bezweckt doch vor allem den Ausgleich der Finger. Jeder Ton der Skala soll in einer bestimmten Stärke gespielt werden, und die richtige Empfindung für diese Tonstärke verlangt eine starke Trainierung des Ohres. Wir haben uns zunächst zu orientieren über die Töne der Skala, um sie auswendig spielen zu können, und dann über den Fingersatz, also über die Verwendung des Daumens bzw. des 3. und 4. Fingers. Kennt der Schüler genau die Noten und den Fingersatz, dann erst beginnt er mit dem Spielen. Da das Ohr über die Tonstärke entscheiden muß, so ist die erste Bedingung, beim Tonleiterspiel jede Hand einzeln zu üben. Im andern Fall deckt die Linke die Rechte zu stark oder umgekehrt, so daß es kaum möglich ist, den Stärkegrad der einzelnen Töne beim Zusammenspiel herauszuhören. Man spielt z. B. in der C-Dur-Tonleiter in der Linken das c mit dem 5. Finger, in der Rechten mit dem

Daumen, das d in der Linken mit dem 4. Finger, in der Rechten mit dem 2. Finger usw. Die Finger sind so ungleich stark, daß die Töne zunächst auch ungleichmäßig angegeben werden. Diese Unterschiede sind beim Zusammenspiel beider Hände schwer, für den Anfänger fast unmöglich herauszuhören. Die richtige Beurteilung des Stärkegrades durch das Ohr ist aber die Hauptsache zur Ausbildung der Finger, deren Beherrschung Technik genannt wird. Es kommt beim Tonleiterspielen vor allem darauf an, zunächst einmal die Töne in möglichst gleicher Stärke spielen zu können, der 2. und 3. Finger müssen sich mäßigen, dagegen der 4. und 5. Finger wieder stärker anschlagen. Es ist merkwürdigerweise gar nicht bekannt, daß der Daumen in vielen Fällen zu schwach anschlägt – ein Zeichen, wie wenig im allgemeinen das Ohr trainiert ist. Die natürliche Bewegung des Daumens im täglichen Leben ist etwa die des Untersetzens, während die Anschlagsbewegung von oben nach unten etwas Übung verlangt und nicht so leicht auszuführen ist, wie der Versuch sofort ergibt. Daher wird der Daumen gewöhnlich zu schwach angeschlagen, obwohl er vielleicht der kräftigste Finger ist. Auch seine Lage, die häufig näher an der Taste ist als bei den andern Fingern, begünstigt das zu leise Spielen. Beim Untersetzen wird der Daumen aus demselben Grunde meistens zu leise angeschlagen, manchmal läßt er auch durch Ungeschicklichkeit und nicht genügende Relaxation den Ton zu stark werden. Nach dem Untersetzen ist auch der 2. Finger ganz besonders zu beachten, ebenso wie nach dem Übersatz der 3. und 4. Finger. Nur bei sehr langsamem Spiel können wir uns über den Stärkegrad jedes Tones die Rechenschaft geben, die notwendig ist, Ungenauigkeiten in der Egalität festzustellen und zu korrigieren. Diese Korrektur ist bei kleinen Abschnitten der Skala am schnellsten durchzuführen: es sind also zunächst 5 Töne aufwärts und rückwärts zu üben. Es gehört die größte Aufmerksamkeit dazu, jeden Ton in Beziehung auf Rhythmus und Anschlag zu kontrollieren, aber diese Konzentration gewährleistet die Herrschaft über die Finger und damit die größten Erfolge.

Neben dem Stärkegrad und dem richtigen Zeitmaße ist noch die Muskelbewegung zu beobachten: das Gefühl der absoluten Relaxation muß dem Schüler zur zweiten Natur werden. Gerade beim Tonleiterspiel muß dieses Gefühl ununterbrochen empfunden werden. Beobachtet der Spieler diese drei Faktoren unausgesetzt bei jeder Hand allein, und zwar täglich eine kurze Übungszeit lang auf das intensivste, so wird er sich in verhältnismäßig wenigen Wochen eine so große Technik angeeignet haben, daß er die Tonleiter besser spielt als viele andere nach Jahren, die täglich eine Stunde und mehr üben.

Egalisierung der Finger

Auf die angegebene Weise ist ein schönes perlendes Spielen zu erreichen. Das Zusammenspielen beider Hände ist natürlich auch zu pflegen, damit das Ohr an das absolut gleichzeitige Zusammenschlagen gewöhnt wird.

Unter- und Übersetzen

Eine große Schwierigkeit beim Tonleiterspiel ist das Unter- und Übersetzen. Hierbei ist ununterbrochen auf Relaxation zu achten. Das Untersetzen lasse ich hauptsächlich durch eine Rollung im Unterarm üben, während im allgemeinen die seitliche Bewegung der Hand in der Klavierebene üblich ist. Bei der natürlichen Unterarmrollung ist die Relaxation leicht, bei der Seitenbewegung der Hand schwer, und ohne Relaxation ist ein glattes Tonleiterspiel unmöglich. Nach einer Obertaste unterzusetzen ist verhältnismäßig leicht, schwieriger das Untersetzen nach Untertasten, daher ist, was Egalität anbelangt, die C-Dur-Skala die bei weitem schwierigste. Es ist daher praktisch, das Skalenspiel nicht mit dieser Tonleiter zu beginnen, doch ist sie später die geeignetste Tonleiter für das Üben. Da die Ausführung eines schönen Skalenspiels so wichtig und wertvoll ist, möchte ich die bei seinem Studium zu beachtenden Hauptpunkte noch einmal zusammenfassen:

Anfangs sehr langsames Spiel zur Kontrolle der Egalität, der Tondauer und des Tonklanges, das Vornehmen kleiner Abschnitte bis zur Erzielung möglichster Vollkommenheit, größtmögliche Relaxation, die beschriebene natürliche Fingerhaltung, die Unterarmrollung beim Unter- und Übersetzen möglichst ohne seitliche Bewegung; bei der Rückwärtsbewegung das Schwingen durch Rollbewegung über den fixierten ausgestreckten Daumen, das Gleiten des Daumens *über* der Taste und deshalb seine etwas ausgestreckte Lage. Das Einknicken der vorderen Glieder des Daumens ruft bei der von unten erfolgenden Bewegung häufig ein Anhaken an der überspringenden Kante hervor. Natürlich müssen alle 24 Tonleitern studiert sein, d. h. man soll ihre Vorzeichen und Fingersätze genau wissen und sie bis zu einer gewissen Geschwindigkeit ausführen können. Das Tonleiterspiel in allen möglichen Lagen, Sexten, Terzen, Gegenbewegungen usw. halte ich nicht für nötig, da zuviel Zeit damit vergeudet wird. Wenn dem Schüler auch die technische Beherrschung solcher Übungen nicht viel schaden würde, so nimmt dieses Üben doch sehr viel Nervenkraft und Zeit weg, die besser angewendet werden könnte. Dagegen sind Stücke von Skalen, wie sie in studierten Kompositionen dauernd vorkommen, jedesmal auf das sorgfältigste vorzunehmen, so daß bei absoluter Relaxation die Ausführung immer tadelloser gelingt.

c) Gebrochene Akkorde

Das Spiel gebrochener Akkorde ist dem Tonleiterspiel analog auszuführen. Bei Unter- und Übersetzen kommt auch hier wieder die Rollung zur Geltung. Das „Hinwerfen" der Hand auf die Taste hilft zum Ausgleich der Finger. Der gleichmäßige Anschlag ist beim Akkordspiel etwas schwieriger als beim Tonleiterspiel, weil die aufeinanderfolgenden Töne weiter auseinander liegen. Auf keinen Fall aber darf hier der vierte Finger geschont werden, wie das viele versuchen, die für ihn häufig den stärkeren dritten setzen. Abgesehen davon, daß die Handstellung dann etwas erzwungen ist, wird der vierte Finger sich nicht genügend entwickeln, und gerade er bedarf als der schwächste einer besonderen Sorgfalt in der Ausbildung. Zur Übung ist es auch durchaus nicht schädlich, hier und da für den dritten den vierten Finger zu nehmen; wenigstens sollte man die Terz der linken Hand im vierstimmigen Akkord mit wenigen Ausnahmen immer mit dem vierten nehmen. Am meisten fördert das Studium des Dominantseptakkordes und des verminderten Septakkordes, weil hier alle Finger benötigt werden. Das Relaxieren der unbeteiligten Muskeln und der beteiligten, soweit es möglich ist, ist durch die größere Spannung schwieriger als beim Skalenspiel. Die glatte Ausführung ist aber nur bei Relaxation möglich, die völlige Egalität ist die Leistung eines gut trainierten Ohres.

d) Akkordspiel

Ein häufig auch von namhaften Konzert-Pianisten gemachter Fehler ist das ungenaue Spiel von Akkorden. Wie häufig wird im Konzertsaal durch Vor- oder Nachklappen gesündigt! Und merkwürdigerweise wird dieser grobe Verstoß gegen den musikalischen Anstand beim Klavierspieler fast nie gerügt, während auch Dilettanten es zu kritisieren pflegen, wenn im Orchester ein Akkord nicht korrekt zusammen einsetzt. Das absolut genaue Zusammenspiel beider Hände ist nicht leicht, aber ein ungeheuer wichtiges Ausdrucksmittel, das der Klavierspieler unbedingt beherrschen und das darum eingehend studiert werden muß.

    Die größten Vortragsfeinheiten werden durch die Unterschiede der Stärkegrade der einzelnen Töne eines mit *einer* Hand angeschlagenen Akkords erzielt. Die Ausbildung nach dieser Seite hin ist sehr schwierig und erfordert den meisten Fleiß und größte Konzentration, ist aber auch eine der interessantesten Aufgaben. Eine Melodie, die

Polyphoner Anschlag

durch Akkordtöne derselben Hand begleitet wird, gesangvoll zu spielen, ist außerordentlich schwer. Abgesehen davon, daß der Melodieton unter Umständen zwei bis drei Grade stärker sein muß als die Begleitungstöne, muß jeder gegen die anderen (folgenden und vorhergehenden) – wie es der „Gesangsvortrag" erfordert – stark moderiert werden. Die Akkordtöne müssen also unter Umständen ganz zurücktreten, andererseits darf aber keiner von ihnen fehlen oder aus dem Rahmen der übrigen heraustreten, damit der typisch „akkordische Klang" als „Hintergrund" deutlich bleibt und die Melodietöne wie leuchtende Punkte heraustreten. Selbstverständlich gehört zu einer solchen Ausführung eine große, ausgefeilte Technik, eine Beherrschung der Finger, die nur durch weitgehende Trainierung des Ohres erreicht werden kann. Die wunderbarsten Effekte in dieser Hinsicht erzielt Gieseking.

Eigentümlich ist, daß das Verhältnis von Melodieton zu Begleitungstönen immer ein ziemlich bestimmtes ist und meine Schüler bei vielen Stellen die Richtigkeit des Stärkegrades genau wie ich empfanden.

e) Triller

Von den Verzierungen habe ich schon den Pralltriller bzw. Mordent und den Doppelschlag erwähnt. Die wichtigste Verzierung, die meist angewendete, ist der Triller, für dessen Studium ich noch einige Winke geben will.

Die Aneignung eines runden, ausgeglichenen Trillers ist in weitgehendem Maße ebenfalls abhängig vom Ohr und von der Muskelrelaxierung. Das Trillerstudium fällt den meisten schwer, es bedarf gewöhnlich vieler Jahre, bis der Pianist einen guten Triller besitzt. Auch hier vollbringt die Konzentration beinahe Wunder, und es ist mir geglückt, vielen die sich anfangs sehr ungeschickt anstellten, in wenigen Wochen zu einem ausgeglichenen Triller zu verhelfen. Das Geheimnis ist, wie gesagt, das Ohr zu öffnen und auf die peinlichste Ebenmäßigkeit beider Trillertöne in nicht zu langsamem, aber auch nicht zu schnellem Tempo zu achten.

Ist der Studierende ohne Unterlaß auf Relaxierung bedacht, und übt er den Triller täglich 8 bis 10mal, so muß er das Ziel erreichen. Ist dies nicht der Fall, so liegt es eben daran, daß er es nicht versteht, die Finger durch Hinhören zu regulieren, und daß er die dauernd notwendige Relaxation vergißt oder nicht beherrscht. Wer den angegebenen Weg geht, dem garantiere ich den Erfolg. Es sind natürlich alle möglichen Fingersätze für den Triller zu üben, vor allem der Fingersatz 3–4, bei dem in weitgehendem Maße die Schwäche des vierten Fingers ausgeglichen wird. Der Nachschlag mit dem 2. Finger erfordert auch hier keine Bewegung der Hand, wie sie beim Daumennachschlag häufig passiert. Vielen fällt es auch schwer, beim Triller die Tasten nicht zu verlassen, was aber viel zu der schönen Ausführung des Trillers verhilft, weil bei der natürlichen, oben beschriebenen Fingerhaltung die Gefühlsnerven der Fingerspitzen eine wesentliche Rolle spielen. Ich verzichte auf das Studium von Triller-Etüden, lasse aber meine Schüler z. B. die Sarabande aus der französischen E-Dur-Suite von Bach so gründlich studieren, daß die meisten dadurch allein einen einwandfreien Triller bekommen, der ihnen dann ermöglicht, die Sarabande in so vollendeter Weise zu spielen, daß sie sich in hohem Maße belohnt fühlen für die vorausgegangene schwere Kopfarbeit. Auf die weiteren Trillerarten, Fingersätze usw. mich einzulassen, erübrigt sich.

f) Ruhe in der Bewegung

Ich will die Hinweise auf mein System nicht schließen, ohne nochmals einen Punkt zu erwähnen, in dem sich von mir ausgebildete Pianisten von anderen im allgemeinen unterscheiden: das ist die Vermeidung aller nicht absolut notwendigen Bewegungen. Immer und immer wieder mache ich in meinen Stunden darauf aufmerksam, daß Finger und Hand so nahe wie möglich an der Tastatur bleiben sollen, um möglichste Sicherheit für den Anschlag zu haben, und zwar nicht nur Treffsicherheit, sondern auch Sicherheit in der zu wählenden Tonqualität, die ja durch die *auf den Tasten liegenden Finger* am besten gewährleistet wird. Ist der Anschlag erfolgt, dann kann natürlich am Ton nichts mehr verändert werden, und jede Arm-, Hand- oder Körperbewegung ist auf den angeschlagenen Ton ohne den geringsten Einfluß. Die meisten Pianisten erlauben sich zeitweise starke Bewegungen, um auf den Zuschauer Eindruck zu machen. Diese Bewegungen sind, wie gesagt, ohne Einfluß auf den gespielten Ton, aber nicht auf die kommenden Töne! Das exakte Spiel eines Tones in einer bestimmten Stärke ist im allgemeinen nur bei vorsichtigem Anschlag möglich, und zu diesem gehört *Ruhe*. Bewegungen vor dem Anschlag können ja oft nicht vermieden werden, aber sie sind auf ein Maß zu beschränken, das jedesmal die Tonqualität garantiert und nicht zufällig erscheinen läßt. Natürlich ist es möglich, auch mit vielen Bewegungen zu spielen, und gar manchem glückt das in weitgehendem

Maße, doch ist ein Höchstmaß an Sicherheit *allein* garantiert durch Ruhe vor dem Anschlag. Daß man ohne Bewegung relaxieren kann, habe ich ja vorher schon betont, und deshalb sind die von manchen Pädagogen geforderten Bewegungen zur Erzielung der Relaxation überflüssig. Und daß man die nicht leichte Arbeit des Klavierspielers durch unnötige und überflüssige Bewegungen nicht schwerer machen soll, als sie es ohnehin ist, sollte eine Selbstverständlichkeit sein! Ebenso sollte es jedem Pianisten selbstverständlich erscheinen, im Vortrag alles Unnötige, d. h. nicht vom Komponisten Gewollte, zu vermeiden und sein Augenmerk nur darauf richten, durch möglichst vollkommene, stilechte Ausführung die Schönheit eines Meisterwerkes zu klanglichem Leben zu erwecken. Dies wird dem am leichtesten und schnellsten gelingen, der durch schärfste Konzentration sein Gehör ausgebildet hat, jede Feinheit des Vortrages und der technischen Ausführung wahrzunehmen, und der durch dies allmähliche, immer intensivere „Einhören" in eine Komposition diese immer besser, immer inniger begreift, bis er schließlich ihren Ausdrucksgehalt in allen Einzelheiten mitempfindet und zur vollendeten Interpretation eines Meisterwerkes fähig wird.

*

Die Hauptpunkte der Systeme sind:

1. Natürliche Haltung der Finger und des Armes (wie beim Gehen).
2. Gefühlsmäßige Entspannung der Muskeln *ohne Anwendung von lockernden* Bewegungen.
3. Möglichste Ruhe der Hand, des Armes und der Finger vor der Tonbildung zur Erzielung eines *bewußten*, allen Anforderungen genügenden Anschlags.
4. Ausnützung aller Anschlagsmöglichkeiten (aktives Fingerspiel *und* Gewichtspiel).
5. Ausbildung des Gedächtnisses durch Reflexion.
6. Ausbildung des Gehörs für Rhythmus, Dynamik und Tonschönheit.
7. Entwicklung der *Technik* und des *Vortrags* aus der *Vorstellung*.
8. Natürlichkeit des Vortrags durch unbedingtes Festhalten an der Notation.

50

Einführung in die Methode Leimer-Gieseking

von Dr. K. Rolan

Auf dem Gebiete des Instrumentalspiels hat die wissenschaftliche Behandlung der Spieltechnik im Zusammenhang mit der virtuosen Schreibweise zu einer Loslösung der Technik vom Gesamtvorgang geführt.

Wie gefährlich und unzulänglich die zunächst einsetzende Betonung des technischen Momentes ist, braucht nicht erwiesen zu werden; die oft geradezu groteske Verkennung der Schwierigkeitsgrade zeigt dies deutlich. Der Vortrag einer Sonate von Mozart wird von diesem Standpunkt aus als erheblich leichter angesehen als etwa der Vortrag einer Ballade von Chopin, obgleich Mozart weit höhere Anforderungen an Auffassung, Klangsinn, Anschlagskunst und Gestaltungskraft stellt.

Heute bemüht man sich nun im Musizieren wie im Unterricht, die Betonung auf den musikalischen Inhalt einer Komposition zu legen, der ja auch tatsächlich das einzig Wesentliche ist. Die Trennung zwischen „Technik" und „Vortrag" wird dadurch noch verschärft und das Feilen der Technik bedeutet nicht mehr als das Säubern und Schärfen des Handwerkzeuges.

Die Technik wird damit immer mehr vom Geist des Musikwerkes entfernt, ohne aber ganz eliminiert zu werden. Heute bilden die Tonleitern, die Fingerübungen, das Spielen durch 5, 6 Stunden hindurch immer noch das Charakteristikum des Übens; und zwar eines Übens, bei dem für eine gewisse Zeit die Finger ohne jede Erwärmung des musikalischen Empfindens bewegt werden, während für die übrige Zeit dieses Empfinden eine Hitze erreichen soll, in der alle technischen Rücksichten dahinschmelzen.

Dieses Verfahren leidet vor allem darunter, daß der Schüler trotz des vorausgehenden technischen Studiums nur in den seltensten Fällen, bei außerordentlicher technischer Begabung, in der Lage ist, seine musikalische Vorstellung im Klang zu verwirklichen. Je musikalischer er empfindet, um so schmerzlicher ist ihm die Differenz zwischen Vorstellung und Wirklichkeit. Der musikalische Ausdruck ist zwar gefühlsmäßig einheitlich aber sachlich doch in zuviel Einzelheiten gegliedert, als daß es gelingen könnte, alle Einzelheiten sogleich zum Vortrag zu bringen. Außerdem hören die meisten mehr en gros als en detail und sind kaum in der Lage, die Einzelheiten des Vortrags im eigenen Spiel zu hören und so zu kontrollieren.

Man wird die Einzelheiten, die so zahlreich wie die Noten sind, nur dann der eigenen Intention entsprechend ausführen können, wenn man darauf verzichtet, sie alle zugleich zum Vortrag zu bringen. Man wird vielmehr den Ausdruck aus einer klanglichen Urform herauswachsen und sich entwickeln lassen müssen. Der Wille zum letzten Ausdruck muß sorgfältig gezügelt und beherrscht sein, damit der ganze Weg durchlaufen wird, damit man stets nur das Endziel vor sich, aber keine Mängel hinter sich hat.

Für den Weg, den man bei dieser Entwickung zurücklegt, sind Richtlinien und Wahrzeichen in großer Zahl vorhanden. Sie stammen, soweit dies überhaupt möglich ist, vom Komponisten. In den Noten und Vortragszeichen ist die Absicht des Komponisten so deutlich ausgedrückt, daß man an Hand dieser Führer schon einen beträchtlichen Teil des Weges zum idealen Vortrag zurücklegen kann. Man muß es allerding verstehen, die Zeichen zu lesen, und lesen heißt nicht buchstabieren, sondern Zusammenhänge und Sinn erfassen. Wer nicht mit äußerster Genauigkeit das spielt, was auf und zwischen den Zeilen steht, wird niemals das Werk des Komponisten rein zum Leben erwecken.

Da wo die Zeichen des Komponisten unbestimmt werden, hilft dem Schüler die Forderung eines natürlichen, daß heißt der Natur des Stückes und dem allgemeinen menschlichen Empfinden entsprechenden Vortrags weiter. Unter Beobachtung dieser Forderung wird der Spieler seiner Fähigkeit und Auffassung folgend immer neue Möglichkeiten zur Vervollkommnung finden.

Auf diesem Wege tritt an den Spieler kein einziges Mal die Aufgabe eines gesonderten technischen Studiums heran. Die Technik ist ganz auf den direkten Zweck des Musizierens beschränkt, sie tritt niemals selbständig auf, sondern ist ganz mit dem Entwickeln des musikalischen Ausdrucks zu einer einheitlichen „Musikübung" verbunden.

In der gänzlichen Eliminierung des Technischen an sich, in der ausschließlichen Konzentration auf die Entwicklung, auf den planmäßigen Aufbau von Klangform und Ausdruck sehe ich das für unsere Zeit unbedingt Neuartige der Unterrichtsweise von Karl Leimer, deren Grundzüge im Vorstehenden angedeutet sind. Damit wird nicht eigentlich eine Methode neben viele andere gestellt, hier handelt es sich um eine andere Grundeinstellung zum Gesamtproblem des Klavierspiels.

Die Auswirkungen dieser Anschauung sind naturgemäß sehr groß. Der Anschlag wird unter ständiger Beobachtung der Muskeltätigkeit in einfachen Grundformen angelegt, alles weitere ergibt sich aus den musikalischen Anforderungen. Der Schüler übt (in gewöhnlichem Sinne) nie, sondern musiziert stets. Die Leimerschen Schüler spielen weder Etüden noch Spezial-Etüden, keine Tonleitern, keine Fingerübungen; 3 Stunden angespannte Arbeit täglich genügen zum Studium. Der größte Nachdruck liegt auf dem natürlichen Vortrag, der Kontrolle durch das Gehör und dem Erleben des Musikwerkes in der Vorstellung, zu dem der erste Schritt das Auswendigwissen ist.

Dieses Verfahren stellt eine einschneidende Veränderung des ganzen Unterrichts dar, der sich jeder mit dem größten Nutzen für seine technischen und musikalischen Fähigkeiten unterziehen sollte.

Der Leser erwarte von diesem Werk kein Zaubermittel, sondern nur die äußerste Anspannung seiner besten Fähigkeiten. Er erwarte nicht, vor gänzlich neue Tatsachen gestellt zu werden; die Tatsachen sind seit vielen, vielen Jahren immer noch die alten, aber der Geist ist neu. Er sieht hier auf einem neuen Wege die Probleme des Klavierspiels aufgerollt, auf dem ihm die vorstehenden Seiten die ersten Schritte zeigen sollen.

Sonate

Op. 2 Nr. 1

L. van Beethoven

56

62

Menuetto

Allegretto

Menuetto D. C.

Prestissimo

sempre piano e dolce

quasi Oboe

sempre ben sostenuto

68

70

Rhythmik, Dynamik, Pedal
und andere Probleme des Klavierspiels

Vorwort

Mein Buch „Modernes Klavierspiel" nach Leimer-Gieseking hat im In- und Ausland weitgehende Verbreitung gefunden und mir fast durchweg begeisterte Zustimmung eingetragen. Vielfach wurde die Bitte ausgesprochen, Ergänzungen dazu zu veröffentlichen.

Das „Moderne Klavierspiel" befaßt sich beinahe ausschließlich mit der Ausbildung von Konzertpianisten und gibt Anleitung für Pädagogen, die ihre Schüler bis zur Konzertreife führen. Man hat öfter bei mir angefragt, inwieweit die dort gegebenen Anregungen auch bei Anfängern, Seminaristen und ernsthaften Dilettanten angewandt werden könnten.

Zwar sind diese für Pianisten gedachten Anweisungen ebensogut im Anfangsunterricht wie auch von Spielern anderer Instrumente zu verwenden; ich habe mich aber auf mehrfache Aufforderung hin entschlossen, Vorträge, die ich am Städtischen Konservatorium in Hannover, dessen Begründer ich bin, gehalten habe, in Form des vorliegenden Ergänzungsbandes zum „Modernen Klavierspiel" zu veröffentlichen. Der Stoff zu diesen Vorträgen entstammt eigener pädagogischer Erfahrung oder wurde aus verschiedenen Quellen zusammengetragen.

In diesem Ergänzungsband wird den wichtigen Fragen wie Rhythmik, Dynamik, Anschlagsarten, Phrasierung eine eingehende Besprechung zuteil. Ein besonderes Kapitel wurde dem Gebrauch des Pedals gewidmet, über den nur sehr wenig Brauchbares existiert. Gerade diese Ausführungen halte ich für sehr wichtig, da der Pedalgebruach schwierig zu lehren ist.

Bei den vorliegenden Ausführungen wiederholen sich manche Fragen, die bereits früher, allerdings von anderen Gesichtspunkten aus, erörtert wurden. Das ist aber für den Unterricht unendlich wichtig, denn manches kann nicht oft genug wiederholt werden: Repetitio est mater studiorum.

Die Kapitel über Reflexion und Technik durch Kopfarbeit wurden eingefügt, weil diese Probleme im allgemeinen trotz ihrer Wichtigkeit nur sehr stiefmütterlich behandelt werden.

Karl Leimer

I. Einleitung und Reflexion für das gedächtnismäßige Erfassen der Allemande aus der Französischen Suite E-Dur von J. S. Bach

Es ist eine wichtige pädagogische Erfahrung, sich beim Beginn des Studiums einer Komposition zunächst nur auf eins der sich ergebenden Probleme zu beschränken, da sonst die einzelnen Aufgaben zu oberflächlich bedacht und nicht bis ins kleinste durchgeführt werden. Bei weit vorgeschrittenen Schülern ist ein gleichzeitiges Beachten mehrerer Probleme beim Üben allerdings möglich und wohl auch angebracht.

Studium einer Komposition

Zunächst befaßt man sich
1. lediglich mit der Einprägung des Notenbildes,
2. macht man sich aufs genaueste die Notenwerte zu eigen,
3. bringt man für das bis dahin Beherrschte die richtigen Anschlagsarten in Anwendung und geht
4. erst dann auf den Vortrag ein, wenn die vorhergehenden Probleme einwandfrei gelöst sind.

Ein erstklassiges Klavierspiel ist überhaupt nur denkbar und möglich, wenn diese Aufgaben auf das allerpeinlichste und allergenaueste durchgeführt worden sind. Dieses Nacheinanderlösen der Probleme, welches mit äußerster Konzentration durchgeführt werden muß, ist nicht nur die bei weitem am schnellsten zum Ziel führende Art und Weise, sondern man lernt durch sie auch die Intentionen des Komponisten am besten und schnellsten verstehen und auszuführen.

Der Kampf mit Denkfaulen ist natürlich sehr schwer. Beim Trainieren des Gedächtnisses muß man daher den Schüler durch Auswendiglernen einzelner Takte und kleiner Stellen zu überzeugen versuchen, daß dieses Trainieren keine unüberwindlichen Schwierigkeiten bietet. Ich habe ja bereits in meinem Buch „Modernes Klavierspiel" gezeigt, wie das Trainieren des Gedächtnisses durch Reflexion vorgenommen wird. Als Musterbeispiel habe ich diese Reflexion bei einer Etüde, zwei Inventionen von Bach und einer Beethoven-Sonate durchgeführt. Anhaltspunkte für die Reflexion zu finden ist häufig sehr leicht, doch gibt es natürlich auch Stellen, die ihr große Schwierigkeiten bieten und sich deshalb nur sehr schwer dem Gedächtnis einprägen. Die Wichtigkeit der Reflexion, die trotz ihrer Vorteile so wenig erkannt und so selten benutzt wird, veranlaßt mich, dieselbe bei der Französischen Suite E-Dur von Bach als weiteres Beispiel

Trainieren des Gedächtnisses

Reflexion

durchzuführen. Das Anschauen des Notenbildes gibt dem Suchenden leicht und schnell die Handhabe für seine Einprägung. Dagegen ist die Beschreibung der Reflexion, die hier zur Belehrung vorgenommen wird, oft weitschweifig und erfordert so viel Worte, daß man denken könnte, ihre Anwendung wäre unvorteilhaft und zeitraubend.

Ich hoffe, daß meine Anweisungen, die man sofort bei jedem einzelnen Takt auf das Notenbild übertragen muß, direkt verstanden werden. Dringend rate ich, erst dann von einem Takt zum anderen überzugehen, wenn der erste Takt im Gedächtnis vollkommen sicher eingeprägt ist. Dieses Vornehmen weniger Takte muß im Laufe des Tages natürlich vier- bis sechsmal wiederholt werden. Auf diese Weise habe ich es erreicht, daß meine Schüler fast ausnahmslos in verhältnismäßig wenigen Tagen alle Stellen der Allemande absolut sicher auswendig beherrschten. Ich verlangte beim Unterricht in bunter Reihe die mit Namen bezeichneten Stellen (also etwa D-Dis-Stelle, Baßmelodie, Sextenkadenz), und die Schüler spielten sie fast ohne Besinnen in richtigem Tempo, mit richtigem Fingersatz usw. Die Namensbezeichnung von einzelnen Takten ist nicht notwendig, aber bei der Durchführung vorteilhaft. Die Reflexion selbst muß der Schüler nach und nach selbständig herausfinden lernen. Ein tüchtiger Lehrer wird ihm Anweisung dazu geben können. Die Fähigkeit zu dieser Art des Auswendiglernens wächst später außerordentlich schnell, so daß viele schon nach einem Jahre von einer Stunde zur anderen mehrere Seiten auswendig brachten. Bei meinen Schülern ist in vielen Fällen der Beweis erbracht, daß durch die Trainierung des Gedächtnisses in kurzer Zeit ausgezeichnete Resultate erzielt werden können und daß es sich lohnt, Studien in der von mir vorgeschlagenen Weise zu unternehmen.

Allemande der Französischen Suite E-Dur von Bach

Einprägung des Noten-materials

Tonart E-Dur. Takt $^4/_4$. Laut und kurz zählen. Der erste Takt besteht in der rechten Hand nur aus den Akkordtönen des E-Dur-Dreiklanges mit zwei Durchgangstönen. Und zwar in folgender Weise: Nach dem Auftakt h' folgt der E-Dur-Dreiklang von gis'aus. a' als Durchgangston, Akkordton h', Akkordtöne e" e' e", fis' als Durchgangston, e". Dann die genaue Wiederholung der ersten Hälfte des Taktes. Die Linke beginnt auf dem zweiten Achtel und besteht aus den E-Dur-Akkordtönen in Achteln: e, gis, h, e'und Wiederholung des E-Dur-Dreiklangs. Der zweite Takt beginnt in der Linken mit e'und in der Rechten mit gis'. Beim Studium der Takte schließen wir im allgemei-

80

nen mit dem ersten Ton des folgenden Taktes, damit sich Lage und Fingersatz mit absoluter Sicherheit einprägen. Wir nennen den zweiten Takt den *Drei-Töne-Takt*, da er die Töne e" fis" gis"und nach der tieferen Septime a wieder deren Rückkehr enthält. Der Verlauf ist also folgender: in der rechten Hand gis' e" fis" gis" a' gis" fis" e", dann kommt dis" als Terz des nun folgenden Dominantdreiklanges h dis fis mit dem Durchgangston e" und schließlich mit der erniedrigten Terz d". Die linke Hand bringt die vier skalenförmigen Töne e' dis' cis' und dann mit Auslassung des h das kleine a, die zweite Hälfte bringt wieder die analogen Skalentöne von h aus, h a gis e. Also auch dieser Takt ist leicht zu merken. Der dritte Takt beginnt mit den Tönen cis" rechts und a links. Wir nennen ihn *Sexten-Kadenz*. Nach cis" als Terz der Unterdominante folgt der Durchgangston dis", dann e" a" a' a" cis" a". Das Gerippe sind die Sexten cis" a"; h' gis"; a' fis"; im vierten Takt gis' e"; fis' dis". Die Sexten folgen teils direkt auf den ersten Ton oder sind bis zum Ende des Viertels verzögert. Die erste Sexte kommt in direkter Folge. Die zweite Sexte h' gis" ist verzögert durch Septime a" und Grundton e". Die dritte a' fis" ist verzögert durch h' cis". Die vierte ist direkt. Die fünfte ist wieder verzögert durch gis' a'. Darauf folgt der Grundton e". Die Linke geht skalenförmig vom kleinen a herunter zum dis. Dann kommt der Dreiklang der Unterdominante e cis a, dann vier Töne h gis a h; Dreiklang der Tonika E-Dur. Die beiden nächsten Takte 5 und 6 nennen wir die *Akkordstelle*. Die linke Hand besteht nur aus den reinen Akkorden, während in der rechten Hand die Akkordfolgen durch Zwischentöne unterbrochen werden. Wir beginnen diese Stelle mit dem Auftakt gis" dis" fis". Die ersten Töne des fünften Taktes sind in der Rechten e" – links kleines cis. Dann merken wir uns die Akkordtöne am Anfang beider Takte: cis e gis, und einen Ton tiefer h dis fis. In der zweiten Hälfte der Takte 5 und 6 folgen jedesmal die um eine Quint tieferen Akkordtöne: fis ais cis und e gis h. Die Rechte beginnt mit dem e" cis", dazwischen Durchgangston dis", dann e" gis" cis" e" und h'als Übergang zum nächsten Akkord. Zweiter Akkord ais' fis' mit Zwischenton gis' ais' cis" fis' Septime e" und fis'. Dritter Akkord die genaue Sequenz des Vorhergehenden von dis" aus. Links sind die Akkorde die gleichen. Die Akkordtöne folgen abwechselnd in umgekehrter Reihenfolge. Takt 7 und 8 nennen wir die *Skalenkadenz*. Die Linke beginnt mit dem kleinen e, darauf von cis an die H-Dur-Skala bis h mit Zwischenton Fis vor H. Dann Kadenztöne e fis Fis H. Die Rechte hat die Skalentöne von cis" bis gis" herauf und herunter, nur fehlt beim Aufwärtsgehen fis. Darauf die H-Dur-Skala von h" bis cis" mit Zwischenton e". Dann

Französische Suite VI

Pralltriller auf dis", Pralltriller auf cis", Schlußton h'. Takt 9 mit vorhergehendem Auftakt nennen wir *Sext-Quint-Quart-Stelle*. Die Töne der rechten Hand bestehen aus den Dominanttönen h dis fis, darauf erster Akkordton fis" mit Sexte ais', zweiter Akkordton dis" mit Quinte gis', dritter Akkordton h' mit Quarte fis'. In der Linken H-Dur-Dreiklang mit durchgehendem cis, darauf h fis h e, dann das Anfangsthema des ersten Taktes von dis aus, das sich als Sequenz bis Takt 11 durchzieht. In der Rechten folgt die Stelle *Sextensequenz*. Sie beginnt in Takt 9 mit der Sexte gis' e", dann ais' fis", h' gis", dann Dreiklang h" gis" e", die Skalentöne von gis" bis h', darauf Akkordtöne gis" h', Pralltriller auf ais', dann als Schluß Dreiklang H-Dur mit Zwischenton cis". In der Linken folgen die Kadenztöne h gis e fis und auch der H-Dur-Dreiklang. Der 13. Takt ist genau gesetzt wie der erste, nur in H-Dur statt E-Dur. Also H-Dur mit den Zwischennoten e" und cis". Takt 14 beginnt rechts mit dis" und links mit h und ist im übrigen ähnlich dem zweiten Takt. Wir nennen ihn daher auch *Drei-Töne-Takt* der *zweiten* Seite. Doch während die drei Töne beim zweiten Takt hinter der Sexte kommen, stehen sie hier hinter der Terz. Die Rückkehr der drei Töne erfolgt wieder nach der Septime; dann E-Dur in umgekehrter Folge wie in Takt 2 H-Dur. Die Linke hat den herabsteigenden H-Dur-Dreiklang mit folgendem Unterdominantton. Das vierte Viertel in der Linken ist bereits der Auftakt zu den Takten 15 und 16, die wir *Baßmelodie* nennen. Wir prägen uns die Baßmelodie leicht ein mit den skalenförmigen Tönen e' dis' cis' his, mit Auslassung des ais, dann gis und den Schlußtönen kleines cis-Cis. Diese skalenförmigen Töne wiederholen sich in Takt 16 von cis' aus, und zwar die Töne cis' h a gis, mit Weglassung des fis bis e, dann Schlußton a. Die Rechte der Takte 15 und 16 besteht aus Akkordtönen des Dominantseptakkordes von cis-Moll. Die Töne sind ais' his' cis" fis" dis" fis" his' fis", dann Auflösung nach cis-Moll. Der 16. Takt ist Sequenztakt, eine Terz tiefer. Takt 17 beginnt rechts mit d", links mit fis. Wir nennen Takt 17, 18 die *D-Dis-Stelle*. Die rechte Hand hat rein D-Dur, nur mit dem Zwischenton e. Der 18. Takt ist genauso, nur statt d" haben wir den Ton dis" und statt a' his'. Das dritte Viertel beginnt jedesmal mit dem fis. Die linke Hand beginnt schon mit dem Auftakt a g im 16. Takt, dann folgt das kleine Motiv a g fis, das sich wiederholt. Den 19. und 20. Takt nennen wir die *Septimenkadenz*. Wir haben rechts die Septimen gis" e" cis" a'; dann fis" dis" his' gis', darauf die Töne der Schlußkadenz e" dis" cis" e", gis' cis" dis" his', cis". Links werden die drei Motivtöne der vorhergehenden Takte in leicht zu behaltender Weise als Sequenz bis zu den letzten Kadenztönen cis fis gis Gis

84

durchgeführt. Wir nennen Takt 20–22 die Parallelstelle zur *Sext-Quint-Quart-Stelle*, die sich hier als Sextenstelle auswirkt. Sie ist zunächst auf cis-Moll aufgebaut. In der rechten Hand kommen die cis-Moll-Akkordtöne cis" gis" e" cis" e", hierauf Sextensprung herunter bis zum gis', das sich nach a' auflöst. Dann kommen die Akkordtöne cis" a' fis' a', jetzt folgt wieder die Sexte cis mit der Auflösung nach dis. Dann wiederholt sich die ganze Stelle einen Ton tiefer. Wir haben in der Linken die Akkordtöne cis e gis cis' mit durchgehendem dis und die Akkordtöne fis a cis mit durchgehendem gis. Das Motiv der rechten und linken Hand wiederholt sich einen Ton tiefer. Jetzt kommt in Takt 22, 23, 24 die *Parallelstelle* zur *Sextenstelle* mit nachfolgender Kadenz. Sie beginnt in der Rechten mit cis' a' fis', dann die zweite Sexte dis' h' gis', dann die dritte Sexte e' cis", dann nach dis" die Akkordtöne e" cis" a', dann Skalentöne von cis" herunter bis e', Wiederholung der Töne cis" e' mit dem zwischenliegenden Triller auf fis'. Die Linke entspricht genau der früheren Parallelstelle. Takt 25 und 26 bringen die *parallele Akkordstelle* mit den Akkorden e gis h, a cis e, fis ais cis, h dis fis. Die Rechte beginnt im Gegensatz zur ersten Akkordstelle (Takt 5) mit aufwärtsgehenden Skalentönen, während sie dort nach unten geht. Die letzten Töne der Rechten bringen eine Abweichung, die man sich merken muß. Die Schlußkadenz Takt 27 und 28 bringt die Töne vom dis" bis zum a" und wieder zurück, dann die E-Dur-Skala von h" nach h'. Die Kadenztöne Quarte e", h', Terz cis" a', dann zwei Sexten gis' e", fis' dis", Schlußton e". Die Linke hat den Dominantdreiklang mit den beiden Grundtönen der Unterdominante, noch einmal Dominante und dann Tonika.

II. Technik durch Kopfarbeit

Es bestehen im allgemeinen keine klaren Ansichten über die Ausnutzung der *Kopfarbeit* zur Erzielung einer guten Technik. Man weiß nicht genau, was darunter zu verstehen ist und wie die Technik durch Kopfarbeit zustande kommt.

Technik beim Spiel eines Instrumentes ist die Beherrschung der Finger. Sie wird aber im großen und ganzen nur im einschränkenden Sinne von Geläufigkeit, schneller Ausführung schwieriger Passagen und Treffsicherheit gebraucht.

Das exakte Einprägen des Notenbildes durch Kopfarbeit zur Erwerbung der Technik ist die erste Aufgabe, die man zu lösen hat. Hiernach muß man sich bemühen, die in Frage kommende Übung,

Konzentration aller Geisteskräfte

was Tonstärke, Fingersatz, Anschlagsart, Tonlängen usw. im weitesten Sinne anlangt, in immer größerer Vollendung auszuführen. Dies geschieht am schnellsten und vollkommensten durch intensive Konzentration aller Geisteskräfte, ist also eine anstrengende Kopfarbeit. Im Gegensatz dazu versuchen andere – und zwar die überwiegende Mehrheit der Musikstudierenden –, sich die Technik dadurch zu eigen zu machen, daß sie schwierige Abschnitte möglichst oft hintereinander durchspielen, und zwar ohne oder mit nur sehr geringer Konzentration. Sie bekommen die fraglichen technischen Aufgaben allmählich ins Unterbewußtsein, oder, wie man zu sagen pflegt, in die Finger. Bei schwierigen Stellen dauert dieses manchmal Monate, und gar manche erzielen auf diesem Wege das gewünschte Resultat im ganzen Leben nicht. Verlaß ist auf die so erworbenen Fertigkeiten nur wenig. Das Gedächtnis läßt oft im Stich, und auch die tadellose Sauberkeit wird selten vollkommen erreicht. Es bleibt ein Gefühl der Unsicherheit, das die Nervosität erhöht und die Angst vor dem Auftreten – die Podiumfurcht – nicht weichen läßt. Viele kennen beim Studium eben nur diesen einen, zuletzt angegebenen Weg, der bequemer als die intensive Kopfarbeit und deshalb beliebt ist, aber – wie gesagt – viel mehr Zeit erfordert und doch nicht zur Vollkommenheit führt.

Übungen zur Ausbildung der Finger durch Konzentration

In folgendem will ich nun einige Übungen zur Ausbildung der Finger und damit zu ihrer Beherrschung anführen, die mit steter Konzentration ausgeführt werden müssen. Als erste technische Übung benutzen wir das Notenmaterial der ersten zweistimmigen Invention von Bach.

Das Motiv dieser Invention lasse ich so langsam spielen, daß die Sechzehntel etwa mit 70 metronomisiert erscheinen. Die Kopfarbeit tritt nun in Funktion als Kontrolle für die korrekteste Ausführung. Sie beschränkt sich zunächst darauf, die Töne im Stärkegrad zwischen *piano* und *pianissimo* so lange zu studieren, bis sie in gleicher Stärke und dazu auch in möglichst genauen Zeitabschnitten erklingen. Diese Übung trainiert das Ohr so stark, daß die Schüler schon nach wenigen Tagen viel genauer und besser hören als vorher. Sie lernen die Unterschiede der Stärkegrade der einzelnen Töne besser erfassen und die Tonlängen aufs äußerste exakt ihrem Wert entsprechend fühlen und aushalten. Man wird diese Übung kaum als technisch fördernd ansehen, und doch wirkt sie schon wesentlich auf das Ohr ein. Die präzise Ausführung wird eigentlich nur von denjenigen richtig verstanden, denen man sie praktisch vorführt, weil es sich dabei manchmal um sehr geringe Schwankungen handelt, die zu beachten man nicht gewöhnt ist. Man hält diese Unebenheiten nicht für groß genug, um ihnen Wert beizulegen, obwohl sie auf die Charakteristik der Stellen Einfluß haben.

Als weitere Fortsetzung der Übung kommt in Frage: allmählich immer schnelleres Tempo der ersten Übung, bis das richtige Zeitmaß nahezu erreicht ist. Danach suche man sich möglichst kurze, vielleicht halbtaktige schwierigere Tonfolgen aus einer Komposition, die man studieren will, zu neuer Übung heraus. Man beginnt ganz langsam wie bei der ersten Übung und beschleunigt das Tempo nach und nach, spielt jedoch die Übung nie schneller, als man sie tadellos bewältigen kann. So wird Stelle an Stelle gefügt, bis die einzelnen Phrasen fertiggestellt sind. Größere Abschnitte und langatmigere Phrasen im ganzen vorzunehmen, ist ein Weg, von dem absolut abgeraten werden soll, da dadurch nur oberflächliches Spiel gezeitigt wird. Durch die spätere Zusammenstellung fertiger Phrasen wird man die Konstruktion der Komposition genau erkennen und den Vortrag dem Inhalt anpassen.

Es erschien mir immer merkwürdig, daß man so wenig Verständnis dafür hat, wie die absolut exakte Ausführung der Tonlängen auf den Ausdruck z. B. einer Kantilene einwirkt, wie innere Wärme und Empfindung erhöht werden, der Vortrag sich inniger gestaltet, wenn diese absolute Genauigkeit der Tonlängen genügend beachtet wird. Man hebt zur Entschuldigung für Ungleichheiten häufig die große Linie hervor, deren Hervorhebung genügen soll. Gerade die große Linie ist meines Erachtens oft abhängig von der peinlichen Ausarbeitung kleiner Motive und Phrasen. Selbst bei großen Virtuosen und bekannten Kapellmeistern werden die Endungen der Phrasen an vielen Stellen zusammengedrängt, was von den Ausführenden anscheinend gar nicht bemerkt oder als temperamentvoll bezeichnet wird. Dadurch wird die kommende Phrase oder der neue Gedanke zeitlich etwas zu früh gebracht, die Ruhe im Ausdruck ist verloren, und die betreffende Stelle wirkt hastig und übereilt. Im weiteren Verlauf kommt dann eine Ineinanderschachtelung aufeinanderfolgender Gedanken, die eben der großen Linie entbehrt. Man wird einwenden, daß Steigerungen, die durch ein Schnellerwerden, ein *accellerando*, die Wirkung erhöhen sollen, dann ausgeschlossen wären. Das ist aber absolut nicht der Fall. Auch innerhalb eines *accellerando* und eines verständigen *rubato* muß die Gleichmäßigkeit der Steigerung gewahrt werden. Dann wird man sich mit dieser abfinden, auch ohne das Gefühl der Hast. Daß diese bei manchen Kompositionen gemeint ist, bedeutet eine Ausnahme, die sich aus dem Charakter des Stückes ergibt.

Exakte Ausführung der Tonlängen

Gleichmäßige Steigerungen

Die Empfindung für das Aushalten genauer Tonlängen und für die Ausführung beabsichtigter Tonstärken muß gelehrt werden. Der Lehrer muß den Schüler dauernd auf die Fehler, die durch die Unebenheit entstehen, aufmerksam machen. Bei den Tonstärken kommt dann die Ausbildung der einzelnen Finger zur Geltung. Sollen die Finger nacheinander in gleicher Stärke anschlagen, so wird es sich schnell herausstellen, daß der Daumen seiner Handstellung nach meistens zu leise anschlägt, der zweite und dritte Finger zu stark, der vierte Finger am schwächsten erscheint und auch der fünfte wegen seiner Kürze einer etwas größeren Energie bei der Tongebung[*] bedarf. Gleichheit im Anschlag der fünf Finger zu erzielen ist eine schwere Aufgabe und beruht wesentlich darauf, daß das Ohr richtig trainiert ist. Wenn die diesbezüglichen Übungen täglich sechs- bis achtmal mit starker Konzentration ausgeführt werden und der Lehrer mindestens dreimal wöchentlich kontrolliert, so wird der Fortschritt schnell in die Augen fallen. Die Hauptsache dabei ist Geduld und das Bemühen, die Gedanken nicht abschweifen zu lassen, sondern ununterbrochen an die Verbesserung des Fingeranschlages zu denken. Das Gefühl absoluter Relaxation aller nicht beteiligten Muskeln, die Durchführung eines schwachen pianos, die langsame Aufeinanderfolge der Töne (etwa im Tempo 70 M. M.), das sind die Aufgaben, die dem Studierenden zunächst obliegen. Sie werden vor allem beim *legatissimo*-Anschlag, bei dem die Finger die Tasten nicht verlassen sollen, die Stärke des für jeden Finger notwendigen Druckes herausfühlen und beherrschen lehren, und das ist das Wesentliche zur Gewinnung der Technik. Es wird allmählich nicht schwerfallen, durch die Relaxierung sich ein schnelleres Tempo anzueignen, und die Schüler sind in einigen Wochen erstaunt, einen gleichmäßigen Anschlag und ein früher nicht gekanntes Tempo sich angewöhnt zu haben. Sie wundern sich darüber, weil sie glauben, keine technischen Übungen gemacht zu haben, wie sie früher bei Fingerübungen und Tonleiterspielen üblich waren. Natürlich waren alle Anschlagsbewegungen, die wir machen ließen, ebenfalls technische Übungen, aber solche, bei denen durch die Konzentration schnelle Wirkungen erzielt werden. Fingerübungen und Etüden halte ich für überflüssig, außer in geringem Maße beim Anfangsunterricht. Es ist das beste, die notwendigen Probleme aus dem neu einzustudierenden Werk herauszuwählen, wie wir vorher bereits betonten.

[*] siehe auch: „Allgemeines über die Ausnutzung der Anschlagsarten", Seite 113ff.

III. Rhythmik

Ein streng rhythmisches Spiel beim Vortrag einer Komposition ist überaus wirkungsvoll. Das ist eine bekannte Tatsache. Die Ausbildung des rhythmischen Gefühls ist meistens ohne Schwierigkeit durchzusetzen, weil anzunehmen ist, daß die Anlage dazu bei allen brauchbaren Musikstudierenden in genügendem Maße vorhanden ist. Schon bei Kindern muß mit der Ausbildung desselben begonnen werden.

Die Wege hierzu will ich in den nachfolgenden Ausführungen besprechen. Die Durchführung eines strengen Rhythmus beim Vortrag ist deshalb so ungemein wichtig, weil davon häufig der Charakter eines Stückes vollkommen abhängig ist. Ich werde zeigen, wie wesentlich das genaue, scharfe Zählen von gleichen Zeitabschnitten für das Erlernen des Spielens gleicher Notenwerte ist. Wenn man den Schüler dahin gebracht hat, die minimalen Zeitabschnitte genau zu hören und durchzuführen, dann ist er bereits in Tagen in der Trainierung des Ohres so weit vorgeschritten, daß er besser, genauer und schärfer hört und empfindet als andere in Jahren. Diese anderen, die ein gutes Ohr haben können, aber nicht gewohnt sind, auf die feinen Unterschiede hinzuhören, weil sie ihnen nicht gezeigt wurden und sie die Wichtigkeit derselben allein nicht erkannten, lernen sie daher oft im ganzen Leben nicht. Dabei möchte ich noch auf die merkwürdige Erscheinung hinweisen, daß nicht ein einziger von all den Pianisten, die bei mir ihre weitere Ausbildung suchten, diese feinen Unterschiede kannte; ein Beweis dafür, daß man der Trainierung des Ohres nicht genug Rechnung trägt.

Selbst bei Pianisten, auch solchen, die bereits oft in Konzerten aufgetreten waren, habe ich erfahren müssen, daß dieselben nicht einmal imstande waren, beim Üben zu zählen, und wenn sie es taten, war es so unregelmäßig, daß es vollständig wertlos war. Mit vieler Mühe habe ich es dann immer durchgesetzt, daß ihnen das rhythmische Zählen gelang. Erst wenn der Schüler in der Lage ist, die einzelnen Stellen metronomisch genau durchzuführen, zeige ich ihm das agogische Spiel, dessen Freiheiten in Rhythmus und Tempo ich sehr viel benutzen lasse. Ich habe immer gefunden, daß aus metronomisch genau festgehaltenem Spiel sich rhythmische Freiheiten leicht entwickeln lassen, in die man sich ohne große Schwierigkeiten einfühlt. Umgekehrt ist ein Spiel, das auf unrichtig ausgehaltenen Notenwerten basiert, später kaum in ein korrektes umzuwandeln und dem Ohr richtig einzuprägen. Das sind erfahrungsmäßige Erscheinungen, die sich immer wieder bestätigen. Noch möchte ich bemerken, daß etwa

90 % aller Fehler, die gemacht werden, rhythmische sind, und zwar solche, bei denen die Notenwerte bzw. Pausen nicht genau ihrem Wert entsprechend ausgehalten werden. Wie schwer häufig die feinen Unterschiede zu hören sind, geht daraus hervor, daß viele glauben, die Genauigkeit im Zusammenspiel mit dem Metronom erreicht zu haben, um sich dann doch überzeugen lassen zu müssen, daß sie zwar im allgemeinen größere Abschnitte nach den Angaben des Metronoms durchführen, aber im Verlauf der Ausführung des Stückes oft einzelne Töne etwas vor oder nach dem Metronomschlag bringen, ohne diesen Fehler zu bemerken. Auch solche minimalen Ungenauigkeiten zu bekämpfen, halte ich nicht für pedantisch, denn sie beeinträchtigen häufig die Ruhe einer vorzutragenden Melodie.

*

Während Malerei, Bildhauerei und Architektur als bildende oder statische Künste zeitlich fortbestehen, sind Tanzkunst, Musik, Dichtung und Sprechkunst – die dynamischen Künste – in ihrer Erscheinungsform an den Zeitablauf gebunden.

Das Maß und die Einteilung der für die Wiedergabe von Musikstücken in Betracht kommenden Zeit lehrt die Rhythmik.

Metrum Von vornherein wollen wir betonen, daß das Wort „Metrum" eigentlich die Bezeichnung für die Dauer der Zählzeiten und ihre Zusammenfassung ist. Man hat sich daran gewöhnt, auch hier das Wort Rhythmus zu gebrauchen, das im engeren Sinne ausschließlich der Gegenüberstellung von Tönen verschiedener Dauer und Akzentuierung bei einem Musikstück vorbehalten bleiben sollte. Von Lehrern, die sich korrekt ausdrücken, wird dieser Unterschied auch gemacht.

Erklärung des Begriffes Rhythmik Die *Rhythmik* (griech.) ist die Lehre vom Rhythmus in der Sprache und in der Musik. Rhythmisch ist mit ordnungsmäßig bewegt, mit wohlabgemessen zu übersetzen.

Das Wort Rhythmus bezeichnet im allgemeinen jede durch Zeiteinheiten abgemessene Bewegung, die durch regelmäßige Wiederkehr von Gegensätzen entsteht[*].

---

[*] Die ursprüngliche Bedeutung des Wortes Rhythmus ist „fließende Bewegung". Bei der heutigen Musik liegt dieser Bewegung eine periodische Zeiteinteilung, der Takt, zugrunde. Allein innerhalb der festen Grenzen des Taktes und der einzelnen Notenwerte darf sich der Rhythmus entfalten. Die peinlich durchgeführte Genauigkeit der Notenwerte ist dem Fluß und der großen Linie durchaus nicht hinderlich, im Gegenteil, nur sie macht die Willkür und Unruhe einer romantischen Gefühlsduselei unmöglich.

90

Wir können annehmen, daß der Rhythmus sich zuerst beim Tanz geltend machte, von da auf Wort und Ton übergegangen ist und dadurch erst die Dicht- und Tonkunst entstehen ließ.

Neben der Melodie ist der Rhythmus der wichtigste formgebende Faktor der Musik.

Wie wir aus der Zahl der Töne eine Anzahl der Höhe nach verschiedene zu einer „Melodie" zusammenfassen, so ordnet der Rhythmus den zeitlichen Verlauf der aufeinanderfolgenden Töne, indem er sie in Beziehung zur Zeiteinheit (das Wort Zeiteinheit ist in der Physik ein feststehender Begriff für die Sekunde) bringt, die wir leicht auffassen und fühlen können.

Durch die Zusammenfassung gleichvieler Zählzeiten (etwa von *Takt* zwei, drei, vier, sechs usw.) erhält man als höhere Einheit den Takt, dessen Ende bei der Notenschrift durch einen senkrechten Strich in den Systemlinien kenntlich gemacht wird.

Zur Festlegung der Dauer der Töne bzw. der Notenwerte eines Musikstückes greift also der Komponist eine ihm passend erscheinende Zählzeit heraus und bildet daraus die Takte, die sich im allgemeinen in derselben Zeitdauer über das ganze Musikstück erstrecken. Die genaue Einteilung eines Musikstückes in Takte ist verhältnismäßig neueren Datums. Vor dem 16. Jahrhundert gab es eine Takteinteilung überhaupt nicht, diese hat sich vielmehr erst allmählich entwickelt.

Wir wollen gleich vorausnehmen, daß einzelne Teile eines Musikstückes verschiedene Taktarten haben können. Der Takt besteht aus mehreren gleichen Zählzeiten, die also gleiche Bruchteile des Taktes sind. In der Notenschrift werden daher die Zählzeiten als Brüche notiert. Besteht der ganze Takt, der im allgemeinen zwei- oder dreiteilig ist, aus vier Zählzeiten, so schreibt man, je nachdem man die Einheit $\frac{1}{4}$, $\frac{1}{8}$, $\frac{1}{2}$ bezeichnen will, die Dauer des Taktes an den Anfang des Stückes oder Teilabschnittes als $\frac{4}{4}$, $\frac{4}{8}$, $\frac{4}{2}$ usw. Bei drei Zählzeiten würde sich $\frac{3}{8}$, $\frac{3}{4}$, $\frac{3}{2}$ usw. ergeben. Die Zählzeiten können als Ganze, Halbe, Viertel, Achtel, Sechzehntel usw. angenommen werden, so daß wir Takte aufschreiben können, die aus allen möglichen Brüchen gebildet werden, deren Zähler und Nenner aus 2, 3 oder einem Mehrfachen dieser beiden Zahlen bestehen. Gebräuchlich, weil leicht faßlich, sind natürlich nur die Brüche bis etwa Vierundsechzigstel und nur selten solche, in denen die Zahl 5, 7 usw. enthalten ist. Die Anzahl der Teile des Taktes bestimmt die Taktordnung, die sich als einfache oder zusammengesetzte darstellt. Die einfache hat zwei oder drei Taktteile, die zusammengesetzte besteht aus einem Mehrfachen von zwei oder drei Taktteilen.

Wie schon oben gesagt, kann sich innerhalb eines Tonstückes die Taktart ändern. Beim Eintritt einer neuen Taktart ist diese vorzuschreiben. Da innerhalb eines Taktes auf eine Zählzeit unter Umständen nicht nur eine, sondern mehrere Noten zu spielen sind, so werden diese in der Notenschrift der Zählzeit entsprechend arithmetisch genau gekennzeichnet. Ist z. B. die Zählzeit $\frac{1}{4}$ und sind auf eine solche im Laufe des Taktes vier gleiche Noten zu spielen, so ist jede dieser vier Noten als Sechzehntel zu schreiben. Die Notenschrift hat *Notenwerte* für die Ganze Note der $\frac{1}{1}$ das Zeichen **o**; für die Halbe Note ♩; für die Viertelnote ♩; für die Achtelnote ♪; für die Sechzehntelnote ♪ usw.

Ein Punkt hinter der Note verlängert diese um die Hälfte ihres Wertes, so daß **o**. mit $\frac{3}{2}$, ♩. mit $\frac{3}{4}$, ♩. mit $\frac{3}{8}$ usw. zu bewerten sind. Der zweite Punkt verlängert wiederum den Notenwert um die Hälfte des Wertes des ersten Punktes. So ergibt sich: **o**.. = $\frac{7}{4}$, ♩.. = $\frac{7}{8}$, ♩.. = $\frac{7}{16}$ usw.

Pausen Für die Pausen gelten als Zeitwerte folgende Zeichen: ▬ = Ganze Pause, ▬ = Halbe Pause, ⅄ = Viertelpause, ⅄ = Achtelpause, ⅄ = Sechzehntelpause usw. Sie können ebenfalls durch Punkte verlängert werden. Merkwürdigerweise sind sogar manche vorgerückte Spieler über diese Zeichen nicht orientiert!

Pädagogische Winke

Zerlegung von Takten Für Schüler ist die Aufgabe überaus wichtig und unerläßlich, Takte ihrem Werte nach zerlegen und die sich ergebenden Brüche zusammenzählen zu können. Man übe daher Taktzerlegung bis zur völligen Beherrschung, indem man nach und nach schwierigere Beispiele (langsame Sonatensätze Haydns) gibt, und lasse sich in dieser Beziehung keiner Unterlassungssünde zeihen. Nicht selten findet man Schüler, die große, schwierige Werke spielen und die einzelnen Stellen nach dem Gehör vortragen, ohne sich über die Richtigkeit der Ausführung in bezug auf den Takt Rechenschaft geben zu können. Es ist die Hauptaufgabe des Lehrers, den Schüler selbständig zu machen, und dazu gehört auch die Erziehung zu der Fähigkeit, jeden Takt dem Notenwert entsprechend rechnerisch zu verstehen. Als Beispiel dazu gelte:

L. v. Beethoven, Klavierkonzert c-Moll op. 37, 2. Satz

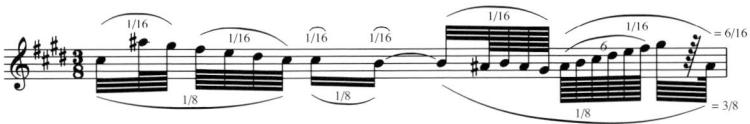

J. S. Bach, 3. Concerto à 2 Clav. e Ped. C-Dur, 2. Satz

Der musikalische Rhythmus ist (wie Dr. Reismann in seiner Ästhetik sagt) ein doppelter, ein extensiver, der die Ausdehnung der Töne in der Zeit mißt, und ein intensiver, der aus der Wechselwirkung von Hebung und Senkung, von akzentuierten und akzentlosen Gliedern entsteht. Die Hervorhebung (Akzentuierung) einzelner Taktteile läßt den jeweiligen Rhythmus erkennen. Um den Eintritt des neuen Taktes deutlich zu machen, wird der erste Taktteil betont. So bildet die regelmäßige Wiederkehr betonter und unbetonter Taktglieder die unterste Stufe rhythmischer Gestaltung. Die betonten Taktteile nennt man gute oder schwere (Thesis-Senkung), die unbetonten schlechte oder leichte Taktteile (Arsis-Hebung). Die dem Taktteil zukommende Betonung ist zum Unterschied von den später zu besprechenden rhythmischen Akzenten am besten als *metrischer* Akzent zu bezeichnen. Der metrische Vollakzent fällt also stets mit dem Beginn des ersten Taktteils zusammen. Beim ⁴/₄-Takt erhält auch das dritte Viertel einen Nebenakzent, ebenso beim ⁶/₈-Takt das vierte Achtel. Bei neun oder zwölf Zählzeiten kommt der Hauptakzent auf 1 und Nebenakzente auf 4 und 7 bzw. Hauptakzent auf 1, Nebenakzente auf 4, 7 und 10.

Durch die Zerlegung der Taktteile in Taktglieder bzw. -gliedesglieder erhält man eine Vermehrung der Akzente. Man muß hierbei jeden Taktteil bzw. jedes Taktglied als besonderen Takt auffassen, in dem dann die einzelnen Glieder diejenigen Akzente erhalten, die der betreffenden Taktart entsprechen. Diese neuauftretenden Akzente sind den ursprünglichen Taktakzenten gegenüber schwächer. Es wird also jeder stärker akzentuierte Taktteil in bezug auf den schwächer akzentuierten „relativ gut" und jeder schwächere in bezug auf den stärkeren „relativ schlecht" sein.

Extensiver und intensiver Rhythmus

Metrischer Akzent

Häufung der Akzente

93

Bei mehreren stark zerlegten Taktteilen wird die Durchführung von Akzenten in der vorher angegebenen Weise so schwierig und kompliziert für einzelne Takte, daß man die metrischen Akzente durch die rhythmische Gliederung des Taktes für teilweise aufgehoben erklärt.

Eine zu komplizierte Akzentuierung würde nicht durchzuführen sein, auch nicht verstanden werden, im Gegenteil den Satz unklar machen. Zu achten ist auf den Unterschied der Betonung etwa gleicher Achtel beim ³⁄₄- und ⁶⁄₈-Takt. Ersterer hat die Betonung

♪̂ ♪ ♪̇ ♪ ♪̇ ♪, Hauptakzent auf 1, Nebenakzent auf 3 und 5, letzterer ♪̂ ♪ ♪ ♪̇ ♪ ♪, Hauptakzent auf 1, Nebenakzent auf 4.

Sowohl Triolen wie Quintolen, im allgemeinen auch Sextolen usw. haben nur einen Akzent auf der ersten Note und müssen so rasch aufeinanderfolgen, daß sie als direkte Teilung des Taktteiles empfunden werden können.

Duolen, Quartolen usw.

Werden dreiteilige Notenwerte in zwei, vier oder mehr Teile zerlegt, so erhalten wir Notenwerte, die sich durch Zuhilfenahme von Punkten ausdrücken lassen, z. B.

o· zerlegt in 2 Teile ergibt	𝅗𝅥· 𝅗𝅥·
𝅗𝅥· zerlegt in 2 Teile ergibt	♩· ♩·
♩· zerlegt in 2 Teile ergibt	♪· ♪·
o· zerlegt in 4 Teile ergibt	♩· ♩· ♩· ♩·
𝅗𝅥· zerlegt in 4 Teile ergibt	♪· ♪· ♪· ♪·
♩· zerlegt in 4 Teile ergibt	♬· ♬· ♬· ♬·

Da diese Zerlegung aber nicht übersichtlich ist, so schreibt man statt der punktierten Noten dieselben im nächst größeren Wert und bindet sie durch einen Bogen zusammen, über dem man ihre Anzahl angibt (also in unserem Beispiel vier).

Solche aus unauszählbarer Unterteilung entstehenden Gruppen nennt man Duolen, Quartolen usw., die natürlich als Halbe, Viertel, Achtel usw. auftreten können.

Beispiel:

Der Auftakt

Beginnt ein Stück oder eine Phrase nicht mit dem vollen Takt, sondern gehen diesem ein oder mehrere Notenwerte voraus, die mit den Noten des schweren Taktteiles innerlich (motivisch) zusammengehören, so nennt man diese in ihrer Gesamtheit den *Auftakt*, der also ein unvollständiger Takt sein muß. Die Auftaktigkeit der Motive ist, wie Riemann sagt, nicht nur eine mögliche Form, sondern der eigentliche Ausgang, die Urform des musikalischen Lebens. Im allgemeinen ist der Schlußtakt eines mit Auftakt beginnenden Stückes die Ergänzung der Notenwerte zum Auftakt.

Die Synkope

Eine rhythmisch interessante Erscheinung ist die *Synkope*. Synkope ist die Bezeichnung für einen Ton, der auf schlechtem Taktteil einsetzt und über den guten hinaus ausgehalten wird. Sie negiert also den metrischen Akzent. Derselbe kommt nicht zur Geltung, sondern wird vielmehr auf den vorausgehenden schlechten Taktteil übertragen. Daher ist die Synkope als ein akzentuierter Ton zu behandeln. Eine längere Aufeinanderfolge von Synkopen läßt uns das Gefühl für die taktische Gliederung verlieren, wenn diese nicht etwa durch eine metrische Begleitungsfigur immer wieder zum Bewußtsein gebracht wird. Die Synkope ist eben immer nur als solche fühlbar, wenn das Empfinden für den metrischen Akzent weiterbesteht. In bezug auf die Harmonie ist die Synkope entweder als Verlängerung eines Akkordtones in den folgenden Akkord oder als Vorausnahme aufzufassen. Die Anwendung der Synkope ist bereits in Werken der Vor-Bachschen-Zeit nachzuweisen; Mozart brauchte sie häufig, Beethoven wandte sie ebenfalls vielfach und mit ganz besonderer Wirkung an. Bei Schumann und Brahms treten sie schon überreichlich auf, so daß sie an manchen Stellen kaum noch als solche wirken (z. B. Schumann, Faschingsschwank, 1. Satz, 1. Seitenthema Es-Dur).

Aufeinander-folge mehrerer Synkopen

Der *metrische* Taktakzent fällt durchaus nicht immer mit dem *rhythmischen* zusammen. Beim Vortrag ist die Beachtung der rhythmischen Akzente das Wesentliche, da ja häufig, wie wir bei der Synkope z. B. sahen, der metrische durch den rhythmischen Akzent aufgehoben wird. Um noch ein Beispiel zu geben, erinnern wir an die dreivierteltaktige Mazurka, bei der das zweite Viertel, der sonst schwächste Taktteil, eine besondere Betonung erhält.

Das Festhalten an gleichen Zeiteinheiten ist im allgemeinen nicht so leicht wie man denken könnte, und es gehört dazu eine rhythmische Veranlagung, die durch Übung wesentlich gefördert werden kann. Ein Schüler, der gewöhnt ist, unrhythmisch zu spielen, ist später von diesem Fehler kaum zu heilen. Der unrhythmische Vortrag einer Komposition ist für jeden musikalischen Menschen unerträglich, man nimmt viel eher falsche Noten als Taktfehler in Kauf. Vom pädagogischen Standpunkt aus wird meistens dem Rhythmus mehr Beachtung zu schenken sein als der melodischen Tonfolge, da diese sich leichter einprägt und keiner so präzisen Kontrolle bedarf.

Die rhythmische Veranlagung ist bei Schülern eine überaus verschiedene. Wie es bei fast allen Soldaten gelingt, sie dahin zu bringen, genau taktmäßig zu marschieren und die Gewehrgriffe alle in gleichmäßigem Tempo auszuführen, so ist es auch bei fast allen, selbst rhythmisch wenig begabten Schülern möglich, sie bis zu einem gewissen Grade taktfest zu machen. Durch welche Mittel ist dies zu erreichen? Vielerlei Methoden werden auf diesem Gebiet angewandt. Der französische Schweizer Jaques Dalcroze z. B. versucht es durch rhythmische Gymnastik. Er läßt taktmäßig in 2-, 3-, 4-, 5-, 6-, 7- usw. teiligen Rhythmen marschieren, läßt entsprechende Bewegungen ausführen, leise und laut taktmäßig zählen und taktieren. Zweifellos hat er mit Schülern, die sich mit der rhythmischen Gymnastik als Hauptfach befassen, überraschende Resultate erzielt.

Nach meinem Dafürhalten ist das weitaus beste Mittel, die Trainierung des rhythmischen Gefühles wirklich erfolgreich durchzuführen, ein lautes, ganz kurz ausgesprochenes Zählen. Beim Klavierspiel ist dasselbe auch beim Vortrag immer anzuwenden. Bläser und Sänger können es naturgemäß beim Spiel nicht ausführen. Aber auch diese tun gut, das Gefühl für scharfen Rhythmus sich erst durch Zählen anzueignen. Taktieren, in die Hände klatschen, auch Stampfen mit dem Fuß sind Mittel, die im allgemeinen nur ungenau angewandt werden, so daß sie für die feine Ausbildung des Ohres und die sich ergebende Übertragung auf das Spiel unzureichend sind. Ich weiß, daß meine Ansichten in starkem Gegensatz zu den Vorschriften stehen, die heute in den Seminaren gemacht werden. Man verbietet sogar das Zählen. Aber daß auch Künstler wie Gieseking erklären, selbst hier und da noch zu zählen, und daß Professor Straube beim Einstudieren der Chöre mit den Thomanern aufs genaueste den Rhythmus durch scharfes Zählen und sogar durch Klopfen auf die Schultern markieren läßt, sind mir Beweise für die Richtigkeit dieses Weges. Beide Künstler unterstützen meine Ansichten.

Auf welche Weise läßt sich nun das Zählen verwerten?

1. Übung: Man stellt das Metronom auf 60, und der Schüler soll versuchen, bei jedem Schlag die Zahl 1 kurz auszusprechen. Hierbei soll das Ohr dahin trainiert werden, zu hören, ob die Aussprache der Zahl 1 mit dem Metronomschlag genau zusammenfällt. Der Schüler wird fühlen, daß er anfangs die Zahl einen Augenblick zu früh oder zu spät bringt. Es wird ihm sofort auffallen, daß dieses Festhalten an der absolut genauen Zeitdauer viel schwerer ist, als er es sich vorgestellt, und daß eine längere Trainierung dazu gehört, um die vom Metronom wiedergegebene Zeitspanne zu fühlen und einzuhalten.

2. Übung: Bei jedem Metronomschlag = 60 werden zwei Zahlen, also eins – zwei, kurz ausgesprochen, derart, daß die entstehenden Zeitabschnitte absolut gleich sind.

3. Übung: Das Metronom wird auf 46 gestellt und bei jedem Schlag werden drei Zeitabschnitte gezählt.

Wenn diese drei Übungen mit einiger Sicherheit durchgeführt worden sind, nehmen wir als

4. Übung die folgende: Das Metronom schlägt ohne Unterbrechung 46 weiter. Wir zählen fünfmal hintereinander zwei Zählzeiten, dann fünfmal drei Zählzeiten, abwechselnd, ohne Unterbrechung. Dann zählen wir ohne Unterbrechung viermal, darauf dreimal, zweimal, schließlich hintereinander zwei Zählzeiten und drei Zählzeiten. Diese Übung, zwei und drei Noten hintereinander und genau im Takt zu spielen, bedeutet nichts anderes, als etwa Achtel und Triolen hintereinander auf je ein Viertel richtig auszuführen, was in der Literatur unendlich oft vorkommt. Es wird aber nur von einer sehr kleinen Zahl von Musikern richtig durchgeführt. Dieses Manko wird nicht einmal erkannt, weil die Ohren im allgemeinen zu wenig trainiert sind, zum Teil auch, weil viele das Festhalten an der Genauigkeit für pedantisch halten. Immer wieder möchte ich deshalb wiederholen, daß diese Genauigkeit so außerordentlich wichtig für die Charakteristik vieler Stellen einer Komposition ist. Daß man diese und ähnliche Übungen dann auch ohne Metronom vornimmt, daß man dann auch innerlich gleichmäßig zu zählen sich bemüht, ist ja ohne weiteres klar, da man beim Vortrag selbst an das Fühlen des Rhythmus gewöhnt sein muß und nicht durch das Zählen behindert sein darf.

Für das Zählen beim Spiel sei noch folgendes gesagt: Bei Achteln soll man nicht ein – ne, sondern wieder ganz kurz eins – und – zwei – und usw. zählen lassen, damit nicht durch das Ineinanderziehen der Silben Ungleichheiten entstehen. Auch beim Spielen selbst der einfachsten Übungen ist das Zählen fortzusetzen. Das ungleichmäßige Zählen kommt häufig daher, daß der Schüler einzelne Stellen technisch nicht beherrscht. Es entsteht in diesem Falle beim Zählen eine Pause, bis die Töne auf dem Klavier gefunden sind. Es bleibt dabei manchmal nichts anderes übrig, als bei Anfängern die kleinen Stücke ihren Intervallen nach, ohne auf den Rhythmus zu achten, solange spielen zu lassen, bis sie darin Sicherheit erlangt haben. Kommt darauf die taktmäßige Ausführung an die Reihe, so ist mit aller Strenge auf die Gleichheit der Zählzeiten durch scharfes, kurzes und ganz lautes Zählen zu achten. Schüler, die von vornherein in dieser Weise rhythmisch erzogen werden, ersparen dem Lehrer später viele Mühe.

Rhythmische Schwierigkeiten entstehen beim Zusammenspiel von zwei Noten auf drei, wenn also z. B. auf ein Viertel die Rechte Achtel, die Linke Triolen zu spielen hat. Läßt man in diesem Fall auf ein Viertel 6 zählen, so kommen die beiden Töne der Rechten auf 1 und 4, die der Linken auf 1, 3 und 5. Man achte genau darauf, daß die Note jedesmal auf die passende Zahl kommt und beschleunige nach und nach das Zählen. Nach kurzer oder längerer Übung wird der Schüler dann auch diese Aufgabe ohne Zählen bewältigen. Auch der Eintritt jeder Note für den Fall, daß drei auf vier Noten zu spielen sind, läßt sich mathematisch genau ausrechnen. Man müßte bei der Ausführung 12 zählen. Da dies jedoch schon bei mäßigem Tempo auf ein Viertel kaum angängig ist, so ist der oben angegebene Weg nicht durchzuführen (vergl. Bd. I, S. 36 f.). Es bleibt hier nichts anderes übrig, als bei ununterbrochenem, gleichmäßigem, lautem Zählen abwechselnd in der einen Hand drei, in der anderen Hand vier Noten auf eine Zählzeit zu spielen und dazwischen den Versuch im Zusammenspiel zu machen. Obwohl die Schwierigkeit im Zusammenspiel liegt, ist doch die Einzelübung für jede Hand zum Ziele führend. Breithaupt ist der Meinung, daß solche Vorübungen wenig Wert haben und will das Zusammenspiel durch guten An- und Einlauf erzielen. Erfahrungsgemäß dienen aber gerade die Vorübungen dazu, das richtige An- und Einlaufen beider Hände dem Schüler gelingen zu lassen.

Ein sehr verbreiteter Fehler, der stets bei seinem Auftreten gerügt werden muß, ist das Abkürzen bzw. Schnellerwerden beim Zählen längerer Notenwerte, die auf kürzere folgen; z. B. auszuhaltende Halbe und Viertel nach vorausgegangenen Sechzehnteln. Ebenso ist aufs sorgfältigste auf das genaue Aushalten von Pausen sowohl innerhalb der einzelnen Phrasen als auch bei Teilschlüssen zu achten. So wesentlich das laute, exakte Zählen als Mittel für strenges Takthalten ist, so ist immerwährendes Zählen vor allem bei gleichmäßig fortlaufenden Figuren durchaus nicht empfehlenswert, da der Schüler mit der Zeit die Fähigkeit erlangen muß, rhythmisch spielen zu können ohne zu zählen. Man wird deshalb gut tun, Zählübungen zu machen, ohne daß es zum Aussprechen der Zählzeit kommt. Auch der Gebrauch des Metronoms ist mehr zur Kontrolle als zur ständigen Heranziehung zu empfehlen.

Ungleich-mäßiges Aushalten der Notenwerte

Das Tempo

Von der Dauer der Zählzeiten eines Musikstückes, die auf die Sekunde bezogen werden und die die rhythmischen Hauptpulse bilden, hängt das *Tempo* ab. Das Wort Tempo bedeutet also in der Musik die Zeitdauer der Zählzeiten.

Verschiedene Tempo-bezeichnungen

Der Komponist schreibt das gewählte Tempo durch Bezeichnungen wie *allegro* (schnell), *adagio* (sehr langsam), *presto* (sehr schnell) vor, so daß demgemäß ein Viertel beim *allegro* eine viel kürzere Dauer hat als beim *adagio*.

Wie vorher gesagt, sollen die vorgeschriebenen Zählzeiten einen gleichen Zeitwert haben: vom Beschleunigen und Verlangsamen der Zählzeiten sprechen wir später. Ist die Zählzeit als $\frac{1}{4}$ angegeben und das Tempo so bemessen, daß in der Minute 120 Viertel gespielt werden, so ergibt sich für jedes Viertel der Zeitwert einer halben Sekunde. Als mechanisches Instrument zur Festlegung der Zählzeiten hat Mälzel am Ende des 18. Jahrhunderts das schon erwähnte Metronom (Taktmesser) erfunden. Dieses Instrument besteht aus einem Uhrwerk, das ein aufrechtstehendes Pendel in Schwingung versetzt. Verkürzt man das Pendel durch ein verschiebbares Gewicht, so schwingt es schneller. Auf dem Pendel ist eine Skala angebracht, die mit Zahlen von 40 bis 200 beschrieben und so konstruiert ist, daß das Pendel diejenige Anzahl von Schwingungen in der Minute macht, die die Zahl angibt, auf die der Schieber geschoben ist. Schiebt man denselben z. B. auf die Zahl 100, so macht das Pendel 100 Schwingungen in der Minute. Das Ticken erfolgt in völlig gleichen Zeitabschnitten.

Metronom

Das Metronom ist demnach ein Zeitkontrollinstrument von großer Wichtigkeit, da es für Tempobestimmungen absolut zuverlässig und genau ist. Legt ein Komponist Wert auf die genaue Befolgung eines Tempos, so metronomisiert er seine Komposition, indem er die Zählzeiten metronomisch vorschreibt. Will er z. B. die Viertel eine Drittelsekunde bemessen haben, so schreibt er vor: $\quartnote$ = 180. Wenn wir auch einen sehr großen Wert darauf legen, den Schüler dahin zu bringen, daß er gleiche Zählzeiten fühlen lernt, so müssen wir betonen, daß beim Vortrag einer Komposition das konstante Festhalten des gleichen Tempos in den meisten Fällen unmusikalisch und unkünstlerisch wäre, auch da, wo eine Tempoänderung nicht vorgeschrieben ist. Beispielsweise ist es im allgemeinen bei Schlüssen von Phrasen oder Teilsätzen geschmackvoll und angebracht, das Tempo etwas zu verzögern.

Agogik Riemann hat den Ausdruck „Agogik" eingeführt für die durch einen lebendigen Ausdruck bedingten kleinen Änderungen des Tempos, die der Komponist nicht angibt. Alle aufgezeichneten Tempoänderungen wie *rubato, accelerando, ritardando,* auch die dynamischen Angaben wie *diminuendo, crescendo* usw. gehen meistens weit über das Maß der *nicht* eingezeichneten agogischen Veränderungen hinaus. Ein *crescendo* verlangt häufig ein gewisses Treiben, während beim *diminuendo* oft ein Zurückhalten angebracht erscheint. Sei es nun eine vorgeschriebene oder eine nicht vorgeschriebene Änderung bei der Ausführung, es bleibt unter allen Umständen ein Haupterfordernis, daß sie in gleichmäßig *proportionaler* Beschleunigung bzw. Zurückhaltung vor sich geht, damit der Hörer sie nicht ruckweise und unkontrollierbar empfindet. Das gleichmäßige Schneller- oder Langsamerwerden ist eine Kunst, die einer großen Pflege und Übung bedarf. Ein Beispiel für das gleichmäßige Schnellerwerden ist das Stampfen der Lokomotive, die sich in Bewegung setzt. Das beschleunigte Aufeinanderfolgen eines Tones auf den andern soll also im gleichen Verhältnis bleiben. Um diese Bewegung zu lernen, sind Vorübungen mit Zählen ohne Spiel anzuraten. Ein Hauptfehler bei der Ausführung eines *accelerando* ist häufig der, daß der Ausführende von vornherein zu schnell anfängt, so daß er eine gleichmäßige Beschleunigung bis zum Ende des *accelerando* nicht durchführen kann, sondern von einem gewissen Punkt an im selben Tempo verharrt oder gar langsamer wird. Er übersieht also, daß anfangs eine kaum merkliche Tempoänderung einzutreten hat, die erst ganz am Schluß ihren Höhepunkt erreicht. Der umgekehrte Fehler wird beim *ritardando* gemacht, dessen schöne Ausführung große Wirkung erzielen kann. Selbst Konzertpianisten führen diese Tempoänderungen oft in einer Weise aus, daß beim

Zusammenspiel mit Orchester ein Nachklappen oder Zufrühkommen auch bei guten Dirigenten vorkommt. Führt der Pianist derartige Stellen so aus, daß der Kapellmeister die Tempoänderung mitfühlen kann, so wird das Zusammenspiel tadellos funktionieren.

Man findet allerdings auch Stellen, bei denen der Komponist eine freie, ungleichmäßige Ausführung der Zählzeiten erwartet und das Maß dafür dem Interpreten freistellt (z. B. die Kadenzen).

Zur schönen Deklamation, zum Hervorheben einzelner Töne ist es zeitweise von außerordentlicher Wirkung, kurze Verzögerungen anzuwenden, die in der Notenschrift nicht kenntlich gemacht sind. Dieser agogische Halt, ein kurzes Warten, ehe man eine hervorzuhebende Note bringt, macht den Eintritt derselben besonders bedeutsam, läßt den Hörer mehr darauf achten und regt sein Interesse in erhöhtem Maße an. Der agogische Halt findet zunächst Anwendung, um einzelne Melodietöne hervorzuheben, um, wie gesagt, ihnen eine eindringliche Wirkung zu verschaffen. Die Hervorhebung wird allein schon durch das kurze Warten hervorgerufen und natürlich durch Betonung verstärkt. Selbst im gleichmäßigen *pianissimo* wird damit die in Rede stehende Wirkung erzielt. Es ist also ein nicht zu unterschätzendes Kunstmittel. Allerdings sei hier nachdrücklich vor zu häufiger Anwendung gewarnt, da sonst der melodische Fluß gestört wird und der Vortrag maniert klingt. Viele Pianisten übertreiben bei Kantilenen diesen agogischen Halt, um damit ihr Gefühl zu dokumentieren, allerdings in störendster Weise. Vor dem Einsetzen neuer Themen oder Phrasen, neuer Teil- oder Schlußsätze usw. wird dieser agogische Halt häufig in ein völliges Absetzen, in eine Luftpause verwandelt, die gleichsam den Zuhörer in Spannung versetzt, ihn auf das Kommende als etwas besonders Hervorzuhebendes hinweist. Auch dies ist in gewissem Sinne eine Atempause, ähnlich derjenigen, die häufig am Ende der Phrasen durch Abkürzen des Wertes der letzten Note in Erscheinung tritt. Hans von Bülow hat Luftpausen beim Dirigieren von Beethoven-Symphonien u. a. mit Geschick und Erfolg angewendet und vielfach darauf hingewiesen.

Der agogische Halt

Die Bewegung eines Stückes wird hier und da nach einem *ritardando* oder auch unvermittelt durch einen Halt unterbrochen, indem ein Ton oder Akkord oder eine Pause über den Wert hinaus verlängert wird. Angezeigt wird dieser Halt durch das Zeichen ⌢, das man *Fermate* nennt und deren Dauer von dem Ermessen des Spielers abhängig ist.

Für das Aushalten von Fermaten gibt es keine bestimmten Regeln. Es ist vom Tempo abhängig und wird hauptsächlich bei Schlüssen von

Fermate

längerer Dauer sein; auch die Ausgiebigkeit des Instrumentes spielt dabei bisweilen eine Rolle. Im allgemeinen wird das Aushalten einer Fermate dann unserem Gefühl entsprechen, wenn es sich bei taktmäßigem Auszählen über die doppelte oder mehrfache Zählzeit erstreckt, so daß der Wiederbeginn in rhythmischem Verhältnis zum Vorausgegangenen steht. Bülow will an dem Aushalten einer Fermate die musikalische Begabung eines Pianisten erkennen. Das kurze Unterbrechen zweier aufeinanderfolgender Takte wird manchmal durch eine Fermate über dem beide Takte trennenden Taktstrich bezeichnet. Fermaten über dem Schlußton von Teilsätzen sind von kürzerer Dauer als solche über der Schlußnote des ganzen Stückes.

Kadenz

Fermaten leiten gewöhnlich auch die *Kadenzen* von Konzerten ein, in denen das freie Spiel, das *tempo rubato*, hauptsächlich zum Ausdruck kommt. Der Name Kadenz bezeichnet dementsprechend im weiteren Sinne Teile eines Stückes, die sich dem durch eine Fermate gekennzeichneten Tonabschluß (*Cadenza* = Schlußfall) angliedern. In fast jedem größeren Klavierkonzert kommen eine oder mehrere Kadenzen vor, die dem Spieler Gelegenheit geben sollen, sein virtuoses Können zu zeigen und die früher von den interpretierenden Künstlern meistens selbst geschrieben oder improvisiert wurden. Man kann eine kleine und eine große Kadenz unterscheiden. Die kleine

Kleine und große Kadenz

besteht aus einer Anzahl von Tönen, Passagen und Figuren, die taktisch nicht gegliedert sind. Die große Kadenz ist taktisch gegliedert und verarbeitet die durch Passagen und reiches Figurenwerk erweiterten Themen des Satzes. Sie erfährt manchmal eine große Ausdehnung und ist als Teil des Ganzen deutlich erkennbar, unter Umständen, wie beim Schumannschen Klavierkonzert, ein wesentlicher und vom Komponisten selbst eingefügter Bestandteil desselben. Die kleine Kadenz wird vor allem frei im Tempo behandelt, das natürlich im

Zeitmaß der Kadenz

rechten Verhältnis zu dem Zeitmaß des Stückes stehen muß. Die Notenwerte der Kadenz bezeichnen kein bestimmtes Tempo, sondern bestimmen nur ihr Verhältnis im allgemeinen zueinander. – Beispiele für kleine Kadenzen: Mozart, Phantasie d-Moll; Beethoven, Klavierkonzert Es-Dur, Kadenzen im ersten Satz.

Alle vorliegenden Bemerkungen über den Rhythmus wie auch die folgenden über Dynamik, Üben usw. werden auch Streicher und Bläser interessieren und können mit kleinen Modifikationen von ihnen beim Vortrag in Anwendung gebracht werden.

102

IV. Dynamik

Unter *Dynamik* – das Wort kommt aus dem Griechischen δύναμος = Kraft – versteht man in der Musik die Lehre vom Stärkegrad der Töne. Sie ist es, die in der Gegenüberstellung von starken und schwachen, von anschwellenden und abnehmenden Tönen auf unser Empfinden besonders einwirkt, die das Gefühl von Freudigem, Erhabenem und Großem, von Bedrückendem, Ängstlichem, Traurigem mit zum Ausdruck bringen hilft. Ohne sie erscheint die Musik weniger packend, ausdrucksloser, uninteressanter, sozusagen leblos, während sie, geschickt verwandt, einer Komposition Ausdruck und Plastik verleiht. Diese Erkenntnis ist die Ursache, daß man die Kontraste mit der Zeit immer mehr zu vergrößern suchte; nicht nur in der Orchestermusik, die noch in den Haydnschen Symphonien ein Säuseln bedeutet gegen den Sturm beispielsweise in Wagners, Berlioz' und Strauß' Musik, sondern auch in der Klaviermusik. Wie die Klavierbauer schon beim Clavichord auf Vervollkommnung des Tones bedacht waren und heute mit dem Konzertflügel eine große Tonfülle erzeugen, so sind in den Klavierkompositionen gegen früher ungeahnte Kraftausbrüche – wir erinnern an Liszt – zutage getreten und uns selbstverständlich geworden. Dabei handelt es sich nicht nur um eine durchgehende Verstärkung, die auch die leisen Töne vergröbert, man versucht auch im Pianospiel das Möglichste zu leisten und ein kaum hörbares *pp* zu erzielen, kurz, mit den größtmöglichen Kontrasten zu wirken.

Zur Bezeichnung der Stärkegrade bedient man sich fast durchweg italienischer Wörter oder Abkürzungen, seltener und erst in neuerer Zeit deutscher Bezeichnungen. Die gebräuchlichsten sind folgende:

Bezeichnung der Stärkegrade

ff	=	*fortissimo*, sehr stark
f	=	*forte*, stark, laut
poco f	=	*poco forte*, ziemlich stark
mf	=	*mezzo forte*, halbstark
mp	=	*mezzo piano*, halb leise (etwas leiser als *mf*)
p	=	*piano*, leise
pp	=	*pianissimo*, sehr leise.

Manche Komponisten benutzen *ppp* = *piano-pianissimo*, so leise wie möglich; *fff* = *forte-fortissimo*, so stark wie möglich; sogar die Bezeichnung *pppp* und *ffff* ist hier und da zu finden.

103

Das allmähliche Anwachsen des Stärkegrades bezeichnet das Wort *cresc.* = *crescendo*, wachsend; das Abnehmen das Wort *decresc.* = *decrescendo* oder *dim.* = *diminuendo*, sich verringernd, abnehmend.

Das Akzentuieren, Hervorheben, Betonen eines Tones wird angegeben durch *sf* = *sforzato* oder *sforzando*, stark betont; auch durch *marcato* = hervorgehoben oder *fp* (*forte-piano*) = stark, dann leise, oder *pf* (*piano-forte*) = leise, dann stark. Für das Hervorheben jedes Tones einer ganzen Stelle bedient man sich des Ausdrucks *rinforz.* = *rinforzando*.

Den vorstehenden Bezeichnungen werden manchmal *molto* (viel), *meno* (wenig), *poco a poco* (nach und nach), *subito* (plötzlich) und andere Ausdrücke beigefügt.

Es ist ohne weiteres klar, daß die Begriffe *ff, f, p* usw. relativ sind und bedingt werden von der Tonstärke des Instrumentes und von der physischen Kraft und Geschicklichkeit des Spielers. Für das Tempo, für die Zählzeit, haben wir ein Maß in der Zeiteinheit, der Sekunde, die das Metronom genau wiedergibt. Für die Tonstärke fehlt in der Musik ein solches genaues Maß, und deshalb bleibt die Ausführung in dieser Beziehung individuell. Das mächtige Donnern, das z. B. Rubinstein auf dem Instrument erzeugen konnte, ist von einem jungen Mädchen, das dieselbe Komposition sonst vielleicht in anerkennenswerter Weise vorträgt, wohl kaum zu erreichen. Und gerade

dieser Unterschied in der Ausführung der Stärkegrade gibt bei verschiedenen Spielern verschiedene Bilder einer Komposition. Sie kennzeichnen den individuellen Vortrag, der den Hörern dieselbe Komposition immer wieder interessant und hörenswert erscheinen läßt und bei ihnen stets neue Eindrücke hervorruft.

Auf den verschiedenen Auffassungen der Stärkegrade basiert also wesentlich das Mitschaffen des interpretierenden Künstlers. Wenn man bedenkt, daß jedes *piano*, jedes *forte*, jedes *crescendo* und *diminuendo*, jeder Akzent sogar bei demselben Spieler und derselben Komposition, sooft sie auch zur Ausführung kommen, immer verschieden ausfallen, so wird man erkennen, wie sehr der Vortrag von der Disposition des Künstlers abhängig ist. Daß wir kein absolutes Maß für die einzelnen Tonstärken beim Klavierspiel besitzen, sondern uns mit den allgemeinen Andeutungen begnügen müssen, ist demzufolge ein Vorteil, der uns die Künstlerschaft und Gestaltungskraft des Interpreten vor Augen führt.

Piano heißt leise und *forte* stark. Zwischen leise und stark ist ein großer Unterschied, den viele nicht zu finden wissen und der deutlich zum Ausdruck gebracht werden muß, besonders, wenn auf ein *f* oder *ff* ein *p* oder *pp subito* folgt, also ein plötzlicher Wechsel stattfinden soll. Beethoven z. B. hat solch starke Kontraste gern und oft angewandt.

Wie beim Vortrag eines Gedichtes die Endkonsonanten besonders deutlich auszusprechen sind, damit der Zuhörer die Worte ohne Anstrengung deutlich versteht, so sind auch beim musikalischen Vortrag die Kontraste *deutlich* herauszuarbeiten. Gar manchmal glaubt der Spieler zu schattieren, aber er trägt zu wenig auf, so daß die zu geringen Stärkeunterschiede weniger seiner Absicht entsprechen als von einer Ungeschicklichkeit im Anschlag herrühren. Wie das zu geringe Auftragen die Absicht häufig nicht erkennen läßt, so ist andererseits ein Übertreiben auch wieder von Übel und wirkt karikierend.

Während beim *fortissimo*-Spiel kleinere Abweichungen nicht zu sehr ins Ohr fallen und in der Tonfülle verlorengehen, wird dem *pianissimo*-Spiel besondere Aufmerksamkeit zu widmen sein, da jedes aus dem Rahmen fallende Stärkerklingen einzelner Töne leicht und unangenehm auffällt.

Das *sforzando* ist dem Charakter der betreffenden Stelle anzupassen und im allgemeinen in sanften, gemäßigten Stücken weniger stark als in wuchtigen, bravourösen zu nehmen. Der Geschmack muß die richtige Tonstärke finden lassen, die übertrieben, unnatürlich, zu matt genommen, farblos wirken wird. Die Bezeichnung > oder ᴧ kennzeichnet einen Akzent, der schwächer auszuführen ist als *sf*.

Sforzando

Große Übung erfordert die Ausführung eines schönen *crescendo* und *decrescendo*. Bülow schreibt darüber: „*Decrescendo* heißt *forte*, *crescendo* heißt *piano*". Diese populärer nicht zu formulierende Regel habe der Schüler stets vor Augen. Einer der häufigsten und unerträglichsten Vortragsschlendriane besteht darin, die Bezeichnung für ein dynamisches Werden mit derjenigen für einen dynamischen Zustand zu verwechseln und mit bequemer Antizipation des Kommenden beim Eintritt eines *crescendo* zu pauken, eines *diminuendo* zu säuseln.

Ausführung von crescendo und decrescendo

Die Ausführung eines *crescendo* ist in der Weise vorzunehmen, daß der erste Ton, bei dem die Bezeichnung steht, noch im alten Stärkegrad zu nehmen ist und das Anwachsen in ganz gleichmäßiger Zunahme bis zum Gipfelpunkt zu erfolgen hat. Das Schriftzeichen für ein *crescendo* – die Gabel – bezeichnet den Vorgang graphisch dadurch, daß die Linien gleichmäßig vom Anfangspunkt auseinanderstreben und nicht ruckweise verlaufen oder sich wieder verengen. Also ⊂ und nicht ⊂ .

Daß das Zeichen manchmal aus Platzmangel in der Weise ⟨══ ausgeführt wird, soll hierbei bemerkt werden, um vor Irrtümern zu bewahren.

Anschlags-arten bei verschiedenen Tonstärken

Bei der Ausführung der Tonstärken kommen alle uns bekannten Anschlagsarten zur Verwendung. Die leisesten Töne und Akkorde wird man bei aufliegenden Fingern durch sanftes, sachtes Herunterdrücken der Tasten erzielen, beim *f* den Schwung der Finger, der Hand, des Unterarms zu Hilfe nehmen, beim *ff* das Schleudern der ganzen Armmasse aus dem Schultergelenk, und bei polyphonen Stücken in ganz besonderem Maße das Druckspiel zur Anwendung bringen. Ein großer Reichtum von Nuancen steht uns vom *pp* bis zum *ff* zur Verfügung, der voll und ganz ausgenutzt werden soll.

Hervorheben der Melodie gegen die Begleitung

Als allgemein gültige Regel gilt, die Melodie gegen die Begleitung hervortreten zu lassen und so zu führen, daß sie plastisch ersteht. Dadurch erwächst uns die Aufgabe, die eine Hand stärker als die andere zu spielen. Die Melodieführung wird wesentlich erschwert, wenn Melodietöne mit derselben Hand wie die Begleitungsfigur anzuschlagen sind (vergl. Chopin, Etüde op. 10 Nr. 3). Das sind nicht geringe Anforderungen an die Technik, die sich beim polyphonen Spiel noch steigern, weil dabei bisweilen mehrere Stimmen oder wenigstens ihr Einsatz deutlich kenntlich gemacht werden müssen. Ein Neigen der Hand gegen die Taste, welche den Melodieton bringt, wird häufig beim Anschlag von Nutzen sein.

Zur Ausführung von mehreren aufeinanderfolgenden Begleitungsakkorden ist es zur Erzielung der gewünschten Tonstärke ratsam, darauf zu achten, daß die Kuppen der nicht zu schwach fixierten Finger in einer Ebene liegen, daß das Handgelenk ebenfalls fixiert werden muß und nun durch gleichmäßigen Druck der Anschlag erfolgt. Diese Art bietet eine gewisse Garantie dafür, daß alle Töne des Akkordes gleich stark erklingen. Es wird dadurch der sehr häufig gemachte Fehler, der dem Ohre besonders bei Pedalgebrauch leicht entgeht, vermieden, daß einzelne Töne des Akkordes schwächer als die anderen angeschlagen werden, ja, daß der eine oder der andere Ton unbewußterweise ganz fortbleibt.

Beherrschung der dynamischen Schattierung

Die Beherrschung der dynamischen Schattierung ist, wie sich aus dem Vorausgegangenen ergibt, eine große Kunst, die zu erlangen viel Übung, viel Fleiß und ein immerwährend offenes Ohr erfordert. Man lehre daher die Schüler schon frühzeitig, auf Dynamik zu achten, und dringe darauf, daß selbst bei den anspruchslosen Stückchen der Anfänger auf sinngemäße Schattierung hingearbeitet wird.

V. Die Anschlagsarten

In meinem Buch „Modernes Klavierspiel" habe ich mit Absicht nur den Anschlag mit dem ganzen Arm und beim Druckspiel genauer besprochen. Die übrigen vorkommenden Arten werden von fast allen Lehrern behandelt, die beiden erwähnten dagegen meist gar nicht oder nur sehr unvollkommen. Dabei sollten sie meines Erachtens am häufigsten angewandt werden. Im nachfolgenden Kapitel bringe ich auf mehrfache Anregungen einen zusammenfassenden Überblick über alle Gattungen des Anschlags, die jedem Pianisten geläufig sein sollten.

Eugen Tetzel behandelt in seinem Buch „Das Problem der modernen Klaviertechnik" die physiologischen Anschlagsmöglichkeiten in der Weise, daß er von den alten Anschauungen die zweckmäßigsten beibehält und von den modernen das fortläßt, was über das Ziel hinausschießt. Er verficht somit Ansichten, denen durchaus beizustimmen ist. Damit hat er das ausgesprochen, was manche Pädagogen bereits in der Praxis anwandten, indem sie sozusagen den goldenen Mittelweg zwischen alter und moderner Methodik gingen. Ihnen sagt Tetzel daher kaum etwas Neues. Trotzdem aber ist die Festlegung seines vermittelnden Standpunktes durchaus am Platze gewesen. Daß von guten Klavierspielern instinktiv alle nötigen Anschlagsarten früher ausgeführt worden sind, wird wohl kaum bestritten werden. Es steht aber auch fest, daß sie dieselben größtenteils unbewußt anwandten, und es ist noch nicht lange her – etwa 20 bis 30 Jahre –, daß eingehende Untersuchungen über die Anschlagsarten vorgenommen wurden zum Nutzen und Frommen aller, die nicht (wie die ganz besonders Begabten) von vornherein instinktiv das Richtige trafen. Die Untersuchungen führten vor allem zur Erkenntnis, daß die alten Pädagogen fast ausnahmslos manche Irrtümer lehrten, dabei selbst aber nicht nach ihren Lehren spielten. Bis vor kurzem war es z. B. üblich, anzuempfehlen, jeden Akkord, jede Oktave ausschließlich aus dem Handgelenk zu spielen. Doch fiel es den Lehrern selbst gar nicht ein, ihr Handwerk immer in dieser Weise abzustrapazieren. Die Pädagogik hat zweifellos durch die Anschlagsuntersuchungen der letzten Jahrzehnte Vorteile zu verzeichnen. Die Anregungen, die Deppe, Caland, Klose, Söchting, Dr. Steinhausen, Breithaupt usw. gaben, haben den Stein ins Rollen gebracht, der allerdings in mancher Hinsicht viel zu weit gerollt ist. Wenn z. B. Breithaupt nahezu ganz auf die Ausbildung der Finger verzichten will, so ist das kein geringerer Fehler als der, daß man früher das krampfartige Spiel zu wenig bekämpfte, bzw. daß manche Methoden direkt auf Verkrampfung hinausliefen; vielleicht sogar ein noch weitgehenderer Fehler, denn Technik ist ohne Ausbildung der Finger ausgeschlossen. Die Anschauungen Tetzels über den Anschlag decken sich fast durchweg mit denen des Verfassers, der seit mindestens dreißig Jahren, und ehe Tetzels Buch erschien, auf diesen Prinzipien seinen Unterricht aufbaute.

Anschlags-möglichkeiten

Tetzel gibt als Anschlagsmöglichkeiten an:

1. den freien Fall,
2. den Wurf, Schlag, Schwung,
3. die Rollung,
4. den Druck.

Von diesen sind der Fall, Wurf, Schlag, Schwung und teilweise die Rollung Anschlagsarten, bei denen die Finger über den Tasten schweben, während sie beim Druck die Tasten vor der Aktion berühren.

Der freie Fall

Der freie Fall, der natürlich nicht mit dem freien Fall eines Körpers in der Physik identisch ist, sondern nur eine Bewegungsart darstellt, die demselben ähnelt (weshalb Deppe wohl diesen Namen einführte), kann sich auf den ganzen Arm oder den Unterarm oder die Hand oder auf die Finger erstrecken. Der *freie Fall des ganzen Arms* beim Klavierspiel geht in folgender Weise vor sich:

Freier Fall des ganzen Armes

Der Arm wird gehoben, Ellenbogen, Handgelenk und Finger sind soweit fixiert, daß sie ihre Lage in bezug auf den Arm ohne Versteifung beibehalten. Die Finger müssen eine solche Lage einnehmen, daß sie beim Fall die gewünschten Tasten treffen. Darauf läßt man den Arm aus dem Schultergelenk zwanglos fallen, ohne weiteres absichtliches Zutun als dasjenige, was nötig ist, die Taste zu treffen. Als Vorübung ist folgende zu empfehlen: Der Schüler wird auf die Untätigkeit der Armmuskeln beim Gehen, auf das Pendeln des Armes hingewiesen. Man lehrt ihn, die Muskeln in schlaffem Zustand zu lassen, während man den Arm hebt, der beim Loslassen wie tot durch seine Schwere herunterfallen muß.

Freier Fall aus dem Ellenbogengelenk

Der *freie Fall aus dem Ellenbogengelenk* erfordert die gelinde Fixation des Handgelenks und der Finger, die wieder bereit sein müssen, die gewünschten Tasten zu treffen. Der Oberarm hängt dabei lose im Schultergelenk, und der Fall und somit der Anschlag erfolgt in der Weise wie beim Fall des ganzen Armes.

Der *freie Fall aus dem Handgelenk* setzt die Fixation der Finger voraus, der Oberarm hängt lose, der Unterarm ist nur soweit fixiert, als es die horizontale Lage erfordert.

Freier Fall aus dem Hand-gelenk

Beim *freien Fall der Finger* erfahren die Fingerglieder soviel Fixation als nötig erscheint, sie den Anschlag ausführen zu lassen, ohne daß sie ihre gebeugte Haltung verlieren. Die größte Kraft ist natürlich durch den Fall des ganzen Armes zu erreichen. Auch durch den freien Fall des Unterarmes ist ein starkes forte zu erzielen, während der Fall der Hand aus dem Handgelenk ohne die später zu erörternde Schwungkraft wenig Tonfülle und der der Finger höchstens ein *pianissimo* ergibt, weil die Finger nur aus Zollhöhe fallen und ihr Gewicht gering ist. Zur Entwicklung von *fortissimo*-Tönen und Akkorden ist eine ziemlich starke Fixation erforderlich, die manche als Versteifung ansehen. Wir haben als Bedingung des freien Falles das Fallen ohne Zutun, also ohne wissentliche Muskelarbeit mit Ausnahme der nötigen Fixation und Beachtung des Treffpunktes hingestellt, haben es also mit einer Anschlagsart zu tun, die ohne wesentliche Muskelanstrengung erfolgt und demgemäß wenig Ermüdung bringt, da die Arbeit des Spielers sich nur auf das Heben des Armes, die Vorarbeit für den freien Fall und auf eine geringe Fixation zu erstrecken hat. Da die technische Ausführung einer Stelle wesentlich vom Aushalten, von der Nicht-Ermüdung abhängig ist, wäre demnach der freie Fall in gewisser Beziehung eine ideale oder wenigstens bequeme Anschlagsart, wenn die zum schönen Vortrag nötige Verschiedenheit der Stärkegrade nicht eine Beschleunigung oder ein Zurückhalten der schwingenden Masse zweckmäßig erscheinen ließe. Der freie Fall ohne weiteres Zutun bleibt deshalb eine nur theoretische Anschlagsart, die in der Praxis keine Anwendung findet. Über seine Anwendung in Verbindung mit Muskelarbeit sprechen wir später.

Freier Fall der Finger

Wurf und Schlag

Die Anschlagsart des *Wurfes* besteht aus einem Schleudern der fixierten Finger aus dem Knöchelgelenk oder aus dem Handgelenk bei Fixation des Knöchelgelenkes; bei einer weiteren Fixation des Handgelenkes wird der Unterarm und bei der noch dazutretenden Fixation des Ellenbogens sogar der Oberarm mitgeschleudert. Der Wurf wird durch Muskelkraft erzielt, die das Gewicht der Hand bzw. des Unterarms und der Hand bzw. des ganzen Armes in eine Schleuderbewegung versetzt, so daß die fixierten Finger die Tasten herunterschlagen.

Unter *Schlag* verstehen wir dieselbe Anschlagsart, die man im allgemeinen etwas stärker, nachdrücklicher ausgeführt denkt und die bis zum Widerstand durchgeführt wird. Die Unterscheidung beider Arten wird häufig ihrer Gleichartigkeit wegen schwer werden, und für den Klavierspieler verlohnt es nicht, darüber weitere theoretische Untersuchungen anzustellen. Die Anschlagsart des Wurfes bzw. Schlages ist eine überaus verbreitete, denn sie gestattet vom *fortissimo* bis zum *piano* alle erdenklichen Nuancen und ist auch ein Mittel, der Ermüdung vorzubeugen. Aus dem sogenannten „freien Fall" ergibt sich demgemäß durch die Verbindung mit dem Wurf und Schlag eine der gebräuchlichsten Anschlagsarten für das Klavierspiel, deren richtige Anwendung davon abhängig ist, daß alle Muskeln, die nicht unmittelbar beteiligt sind, möglichst schlaff bleiben, was durch ein Hängen, eine natürliche Senkung der Schulter begünstigt wird. Diese Haltung gestattet auch die Mitarbeit der starken Schultermuskeln, die durch Festhalten der Oberarm- und Unterarmmuskeln sonst in ihrer Entfaltung behindert werden. Caland spricht von dem durch den Wurf beeinflußten freien Fall als „begünstigt freiem Fall" und setzt ihn in Gegensatz zum „beherrschten", der durch Zurückhalten der schwingenden Masse veranlaßt wird. Diese Arten des freien Falles werden außerordentlich viel benutzt.

Der Schwung

Er ist eine Bewegung, der eine pendelartig auf- und niedergehende Form zugrunde legt, welche etwas Elastisches hat und eine Gegenwirkung gegen Wurf und Schlag in sich trägt. Sie mildert daher die letztere und es entstehen runde, wellenartige Bewegungen.

Die Rollung

Rollbewegungen können nur vom Schultergelenk oder Speichengelenk ausgehen, wie sich leicht feststellen läßt. Gehen sie von der Schulter aus, so wird das Ellenbogengelenk fixiert werden müssen; gehen sie vom Speichengelenk aus, so hat der Oberarm dabei schlaff herunterzuhängen. Um diese Bewegung für das Klavierspiel brauchbar zu machen, sind Handgelenk, Knöchelgelenk und Finger zu fixieren.

Schlagen wir einen Ton durch Pronation z. B. mit dem Daumen an, lassen die höhere Oktave mit dem fixierten fünften Finger durch Supination folgen, so haben wir eine Rollung, die bei schneller, ununterbrochener Aufeinanderfolge sich als Tremolo kennzeichnet. Die

Rollbewegung, die in der Weise ausgeführt wird, daß etwa der Daumen oder der fünfte Finger gehalten wird und danach einer oder mehrere Finger derselben Hand anschlagen, heißt *einfacher Seitenschlag*. Die Achse ist dabei der Daumen bzw. der fünfte Finger.

Einfacher Seitenschlag

Heben sich die ursprünglich festgehaltenen Finger aber beim Anschlag der anderen Finger und vollführt man darauf die Rollung nach der entgegengesetzten Seite, wie es z. B. beim Tremolo geschieht, so nennt man diese doppelte Bewegung einen *gemischten Seitenschlag*. Die Achse würde also beim Oktav-Tremolo in dem Schwerpunkt der Längenachse liegen.

Gemischter Seitenschlag

Zu sehr starken Tönen ist eventuell die Oberarmrollung zu empfehlen. Es lassen sich Rollungen vornehmen, die *pianissimo* anfangen und die durch nach und nach stärker einsetzende Schwungkraft sich bis ins *fortissimo* steigern können, also alle möglichen Nuancen zulassen (vergl. Bd. I). Die Anwendung der Rollbewegung ist sehr häufig und zweckmäßig dadurch, daß sie nur die stärkeren Unterarm- bzw. Schultermuskeln benutzt, wodurch die Ermüdung langsamer eintritt. Bei der Ausführung der Rollung hebt sich das Ellenbogengelenk. Diese Bewegung ist also eine absolut natürliche, und man darf keinesfalls versuchen, gegen sie anzukämpfen. Man hat früher gelehrt, das Ellenbogengelenk an den Körper anzuklemmen, um eine ruhige Armhaltung zu erzielen. Eine derartige Unterdrückung der Ellenbogenhebung ist unmöglich, aber schon der Versuch allein behindert die Bewegungsfreiheit erheblich. Einzelne Stellen, in denen z. B. keine allzu schnellen Tonfolgen vorkommen, wären auch ohne Rollung mit reinem Fingerspiel auszuführen, werden aber doch, um der Ermüdung vorzubeugen, meistens durch Rollung hervorgebracht oder durch sie unterstützt.

Ist die Spannung der beiden Finger, die als seitlicher Endpunkt des Hebels erscheinen, groß, so genügt zum Anschlag schon eine geringe Rollbewegung, wird die Spannung kleiner, so verlangt der Anschlag eine stärkere Drehung. Die engste Lage wäre die beim Triller. Derselbe ist wohl mit Rollung auszuführen; da diese durch die Fingerlage aber eine starke Bewegung verlangt, so hat sie Unruhe der Haltung zur Folge und ist bei zwei gefesselten Fingern überhaupt nicht ausführbar. In diesem Falle kann der Triller eben nur mit den Fingern ausgeführt werden, woraus sich ergibt, daß die Fingerausführung des Trillers geübt werden muß. Die Unterstützung des Fingertrillers wird dagegen in vielen sonstigen Fällen durch Rollung anzuraten sein. Tetzel sagt daher mit Recht: „Wir sehen also, daß bei weiter Spannung die Rollung unentbehrlich, daß aber in demselben Maße, wie die

Triller

Spannung geringer wird, einerseits die Rollung entbehrlicher und unzureichender, andererseits die aktive Fingerbewegung tauglicher und nötiger wird." Er stellt dieser Schlußfolgerung die Ansichten Bandmanns und Breithaupts gegenüber, von denen Bandmann schreibt: „Der Triller ist nichts als die ineinandergreifende passive Rollbewegung von Ober- und Unterarm." Breithaupt sagt: „Der Triller ist ein absolutes Nichtfingerspiel, ein Spiel ruhender Finger ohne Hebung und falschen Muskelzug, ein seitliches Schütteln einer leicht gespannten Hohlhand." Diese Ansichten erscheinen nicht stichhaltig und erwecken falsche Vorstellungen.

Der Druck

Bei den bisherigen Anschlagsarten wurde der Ton durch Schlag auf die Taste erzeugt. Der Schlag erfordert im allgemeinen, daß der anschlagende Finger vor dem Anschlagsakt über der Taste schwebt. Wir betrachten nun diejenige Art der Tonerzeugung, die entsteht, wenn der Finger die Taste vorher berührt hat – die Berührungszeit vor dem Anschlag braucht natürlich nur ganz minimal zu sein – und durch Herunterdrücken derselben den Hammer gegen die Saite schleudert.

Entstehung des Druckes

Der *Druck* darf natürlich nicht so langsam sein, daß der Hammer nicht in Schwingung gerät, denn sonst berührt er, wie wir wissen, die Saite überhaupt nicht. Selbst zum sanftesten *pianissimo* gehört also eine gewisse Energie des Drucks, eines Schnelligkeit der Bewegung, die sich vom *piano* zum *forte* immer mehr zu steigern hat, da die Stärke des Tones von der Geschwindigkeit abhängig ist, mit der der Hammer die Saite trifft.

Legen wir die fixierten Finger in der zum Spiel gekrümmten Haltung auf, so daß der Oberarm schlaff herunterhängt, der Unterarm in der Ebene der Tastatur gebeugt, das Handgelenk in der Verlängerung des Unterarms fixiert ist, so wird das ganze Armgewicht von den Schultermuskeln getragen. Drücken wir nun die Taste durch den fixierten Finger herunter, so empfinden wir das Gewicht des Arms als auf dem Finger ruhend, und wir haben das Gefühl, daß der Arm sich passiv verhält. Den Druck auf die Taste nennt man Spielbelastung, die von der Minimal- bis zur Maximalbelastung sehr viele Veränderungen erleidet. Die Minimalbelastung muß mindestens so stark sein, daß der Hammer schwingt, während die Maximalbelastung von der Kraft des Spielers abhängig ist. Die Nerven in den Fingerspitzen helfen zur feinen Nuancierung beim Druckspiel wesentlich mit.

Spielbelastung

Das Druckspiel ist durchaus keine moderne Erfindung, sondern hat immer Verwendung gefunden. Ich erinnere hier z. B. an die Aufeinanderfolge gleicher *pianissimo*-Akkorde, bei denen von vielen Lehrern stets angeraten wurde, die fixierten Finger auf die Tasten zu legen und sie gleichmäßig stark herunterzudrücken, so daß die Finger beim jedesmaligen Heben die Tasten nicht verlassen. Der gleichmäßig starke Anschlag der Oktave, Terz, Quinte usw. eines Akkordes ist auf diese Weise durch Druck leichter bzw. sicherer auszuführen, als durch den Schlag von oben. Damit wird der von Dilettanten überaus häufig gemachte Fehler des ungleichmäßigen Akkordanschlages (der häufig so weit geht, daß manche Akkordtöne vollständig fehlen) leichter vermieden. Selbstredend ist beim Druckspiel darauf zu achten, daß die notwendige Fixierung der Finger und des Handgelenkes nicht in krampfartiges Festhalten ausarten darf, das die Bewegung hindert und zur Ermüdung führt. Das Gefühl des Loslassens oder besser des Schlafflassens der Muskeln darf nicht verlorengehen, und die Muskelspannung soll nicht über das absolut notwendige Maß hinausgehen.

Bei der Ausführung von Gesangsstellen halte ich es für überaus wichtig, daß die Finger nicht zu stark gekrümmt sind, sondern soviel gestreckt werden, daß nicht die Kuppen die Tasten herunterdrücken, sondern das flach aufgelegte erste Glied, weil dadurch die feinen Gefühlsnerven der Finger zur Geltung kommen und man eine große Skala von reichen Farbtönen damit hervorbringen kann. Man fühlt sich in dieses Druckspiel so ein, daß man seine Empfindungen direkt auf das Klavier zu übertragen glaubt.

Allgemeines über die Ausnutzung der Anschlagsarten

Für die (man könnte fast sagen unendlich) große Anzahl technischer Probleme kommen die oben erwähnten Anschlagsarten bzw. ihre Mischungen zur Verwendung. Welche Art jedesmal die vorteilhafteste ist, ist nicht immer leicht zu bestimmen. Das hängt zum Teil von der Veranlagung des Spielenden ab. Jedenfalls aber steht fest, daß die reinen Bewegungen fast gar nicht, sondern wohl nur Mischungsbewegungen anzuwenden sind. Akkorde werden zumeist eine Mischung von Wurf, Schlag und Schwung, schnelle Läufe werden Schleudern der Finger und mehr oder weniger starke Rollbewegungen vertragen. Jede Bewegung bleibt eine Muskelarbeit, und alle beim Anschlag nötigen Muskeln müssen durch Üben gestärkt werden. Es war zwar eine originelle, aber durchaus verkehrte Idee moderner Pädagogen, die

Aufeinanderfolge gleicher pianissimo-Akkorde

Ungleichmäßiger Akkordanschlag

Muskelentspannung

Druckspiel bei gesanglichen Stellen

Mischungen der Anschlagsarten

aktive Bewegung der Finger ausschalten zu wollen und lediglich die gleichmäßige Fixation als nötig zum Anschlag zu bezeichnen. Die Finger sind die Glieder, die den Anschlag unmittelbar vermitteln und die Ausnutzung des ihnen innewohnenden feinen Gefühles würde zum großen Teil illusorisch, wenn man von ihnen eben nur Fixation verlangte und auf ihre intensive aktive Tätigkeit Verzicht leistete. Die

Ausbildung der Finger

Ausbildung der Finger ist daher nach meiner Meinung nicht nur nicht zu umgehen, sondern sogar der Ausgangspunkt zur Erreichung einer guten Klaviertechnik. Für fast alle Anschlagsarten wird die Fixation der vorderen Fingerglieder verlangt, und diese allein bildet schon bei richtiger Ausführung eine ziemlich intensive Ausbildung der Finger. Wie schwer hält es doch bei vielen Schülern, diese für das Klavierspiel wichtige gleichmäßige Krümmung der Finger zu erreichen und das Durchdrücken derselben zu vermeiden. Wenn die Schüler nicht von Anfang an dazu angehalten werden, werden sie bei der Ausführung der verschiedenen Anschlagsarten stets gehindert und somit in ihren Fortschritten gehemmt sein. Deshalb sind für die ersten Übungen wohl reine Fingerübungen am Platze, und zu ihrer exakten Aus-

Beherrschung der Finger

führung gehört die Ausschaltung aller „überflüssigen" Bewegungen. Durch dauernde Übung wird man schließlich die Fähigkeit erlangen, die Finger gleichmäßig zu beherrschen, sie zu kräftigen und bis zu einem gewissen Grade unabhängig voneinander zu machen. Allerdings wird der dritte Finger seiner natürlichen Beschaffenheit nach immer stärker bleiben als der fünfte. Die Herrschaft über die Finger ermöglicht es, z. B. den vierten Finger etwas kräftiger, den dritten etwas schwächer anzuschlagen, so daß auf diese Weise die Ausgeglichenheit eines Laufes erzielt wird. Wie die Beherrschung der Finger durch Üben wächst, sehen wir gerade am vierten Finger. Er ist der schwächste und wird deshalb von Schülern geschont, wo es angeht. Terzen und Sexten werden bei Akkorden statt mit dem vierten mit dem dritten Finger gespielt. Der Triller stets mit 2, 3–1, 3 genommen und 3 und 4 wenn irgend möglich, übergangen. Derjenige Schüler, der den vierten Finger, sei es beim Triller, sei es bei Akkorden, benutzt, wo es immer geht, wird sich vollständig an seine Anwendung gewöhnen. Er wird ihn so stärken, daß er seine schönsten, rundesten Triller mit dem vierten Finger ausführt, weil in diesem Fall der Nachschlag durch den zweiten Finger besonders bequem ist. Endlich wird er eine solche Gleichmäßigkeit erzielen, daß die Benutzung des vierten Fingers von der der anderen kaum unterschieden werden kann (vergl. Bd. I).

In vielen Fällen wird man eben nur auf die Fingertechnik angewiesen sein, und große Klavierspieler wie Reisenauer u. a. haben sie

114

bis zu einem hohen Grade besessen. Ein moderner Spieler muß eben über die ausgefeilteste Technik verfügen und wird sich deshalb die Benutzung der Fingertechnik bestimmt nicht entgehen lassen.

Wir sprachen schon von der zu beobachtenden Ruhe bei der Ausführung der ersten Anschlagsübungen. Dieselbe soll gewahrt werden; nur sei es die Hauptsorge des Lehrers, daß sie nicht in krampfhafte Versteifung der Gelenke ausartet. Eine starke Fixierung ist bei *forte*- und *fortissimo*-Stellen nicht zu umgehen. Ständig aber muß man, sobald es angängig ist, an die Erschlaffung der Muskeln denken, damit die Fixierung immer wieder unterbrochen und gemildert wird. Diese Relaxation muß ohne sichtliche Bewegung von innen heraus erfolgen, wie wir früher bereits besprochen haben. Beim Anfangsunterricht kommt für die Beschäftigung mit den Bewegungen des Armes erst ein etwas späterer Zeitpunkt in Frage. Diese Bewegungen werden beim Akkordspiel und beim Tonleiterspiel angewandt; bei letzterem vor allem als seitliches Mitgehen beim Schwingen der Hand über den fixierten Daumen durch eine Drehung im Speichengelenk beim Abwärtsspiel der Skala. Über die Fingertechnik beim Akkordspiel und bei Tonleitern verweisen wir auf die ziemlich eingehenden Ausführungen in Band I.

Fixierung

Bewegungen des Armes

Für die Ausführung von Akkorden und Oktavfolgen kommt neben dem Druck der Wurf, Schlag und Schwung in Frage (vergl. Bd. I, Etüde). Die Fixation des Handgelenks und der Finger ist dazu Vorbedingung. Vollgriffige Akkorde und Oktaven erfordern schon an und für sich eine größere Spannung der Finger und Hand, die leicht eine Ermüdung hervorruft. Spielen wir sie daher aus dem Schulter- oder aus dem Ellenbogengelenk, so werden die stärkeren Arm- und Schultermuskeln hauptsächlich zur Ausführung herangezogen. Diese garantieren ein längeres Aushalten und verzögern die Ermüdung. Es gibt selbstredend gar manche Stellen, die vorteilhaft aus dem Handgelenk zu spielen sind, weshalb auch Handgelenkoktaven geübt werden müssen. Jedenfalls muß der geübte Pianist imstande sein, Akkorde und Oktaven in schneller Folge sowohl aus der Schulter als aus dem Ellenbogengelenk und aus dem Handgelenk spielen zu können.

Ausführung von Akkorden und Oktav- folgen

Die Haltung beim Spiel

Über Sitz, Körper-, Arm-, Hand- und Fingerhaltung haben wir in Band I die notwendigen Anweisungen gegeben. Sie mögen dem Schüler als Norm bei den ersten Anschlagsübungen dienen, die zur Beherrschung der Finger führen und ihre Unabhängigkeit fördern. Diese Übungen tragen außerdem zur Kräftigung der Finger bei sowie zur Ausbildung des sogenannten *Klopfanschlages*, bei dem die Finger in Zollhöhe über den Tasten schweben. Man legt in der bereits beschriebenen Weise die Finger auf die Tasten. Hierauf übt man das schnelle Heben der einzelnen Finger nacheinander, ohne die Krümmung zu ändern, bis in Zollhöhe, läßt sie eine Zeitlang oben stehen und dann ohne Druck fallen. Durch rhythmisches Zählen wird diese Übung taktmäßig. Man zähle mehrere Zählzeiten auf eine Bewegung, bis die Ausführung exakt ist. Die Bewegung selbst soll schnell ausgeführt werden, anfangs aber in langsamem Tempo beginnen. Nach und nach wird sie um so mehr Ton ergeben, je größer die durch Wurf und Schlag erzielte Energie ist, mit der der Finger schwingt. Haben die Finger diese Bewegung erlernt, so übt man den Anschlag von zwei verschiedenen Fingern hintereinander, und zwar so, daß der eine Finger sich in dem Moment hebt, in dem der andere fällt. Viele Pädagogen sind der Ansicht, daß durch das Fingerspiel allein immer ein *leggiero* oder ein *nonlegato* zustande käme. Ich teile diese Meinung nicht. Fällt der energisch anschlagende Finger von oben sehr schnell und wird der hochgehende Finger im selben Augenblick gehoben, so braucht der Dämpfer soviel Zeit zum Fallen, daß das *legato* keine Unterbrechung erfährt. Andererseits aber wird auch durch das Druckspiel ein legato erzielt.

Damit sind wir auf die Hauptanschlagsart, das *legato*, gekommen. Wir unterscheiden folgende Anschlagsarten: das *legato*, (*leggiero*), *legatissimo*, ferner das *staccato*, *portamento* und *nonlegato*.

Das Legato

Das *legato* bedeutet die Zusammenbindung zweier Töne, schließt aber bei einstimmiger Tonfolge das Zusammenklingen derselben aus. Der zweite Ton muß deshalb genau in dem Moment erklingen, in dem der erste abgedämpft wird. Dieses Legatospiel ist am vollkommensten und leichtesten durch das Druckspiel zu erzielen (vergl. Bd. I, Inventionen). Es ist aber auch durch den Klopfanschlag möglich. Die Erklärung, daß bei dem durch Druck erzeugten Legatospiel das Gewicht von einem Finger auf den anderen geschoben wird, trifft wohl zu. Praktische Bedeutung hat sie aber kaum, denn auch beim Druckspiel, vor allem bei schnellen Tonfolgen, wird fast ausnahmslos dazu eine wesentliche Arbeit der Handmuskeln in Frage kommen, die das absolut notwendige Egalisieren erreicht und die Dynamik ausgleicht und erleichtert. Je mehr man bei dieser Anschlagsart das

Klopfanschlag

Gewicht ausschaltet und die Muskelarbeit und das zeitige Abziehen der Finger in den Vordergrund schiebt, desto mehr nähert man sich bei Läufen dem *Leggierospiel*, das bei schöner Ausführung als Beispiel ausgeglichener Technik gilt und häufig angewandt wird. Der moderne Klavierspieler kommt deshalb ganz und gar nicht mit dem Druckspiel bei fast passiven Fingern aus, sondern im Gegenteil, er braucht dabei das absolute Fingerspiel in möglichster Vollendung. *Leggiero*

Bei vielen *pianissimo*-Läufen wird man das Armgewicht fast ganz ausschalten und nur das Fingerspiel ausnutzen. Wir stimmen mit der Ansicht Tetzels völlig überein, der schreibt: „Da wir unter ‚Fingertechnik' eben die Laufbewegungen der Finger verstehen, welche den in beliebigem Grade belastenden Arm weitertragen, so sind ‚Gewichtstechnik' und ‚Fingertechnik' keineswegs unversöhnliche Gegner, sondern ganz im Gegenteil engste Verbündete. Beide sind Bestandteile des Gesamtbegriffes der Klaviertechnik, zu welchem noch die Rollung und mehrere andere Funktionen gehören. Nur wäre die Verwendung des Armgewichtes für die Lauftechnik unmöglich, wenn die Finger nicht ihre Schuldigkeit täten; also ist in diesem Sinne die Fingertechnik die primäre Funktion und jedenfalls ist eine Fingertechnik ohne Gewichtswirkung des Armes möglich." Und ich möchte hinzufügen „und ihre Ausbildung absolut erforderlich". *Ausschaltung des Arm- gewichtes*

Der Ausdruck *legatissimo* wird häufig gebraucht, um den Spielern anzuzeigen, daß soviel wie möglich auf das Binden der Töne zu achten ist; doch verstehen manche das Ineinanderspielen der Töne darunter, d. h., der Ton wird erst dann aufgehoben, wenn er eine Zeitlang mit dem zweiten zusammen geklungen hat. Im allgemeinen wird diese Auffassung nur dann Anwendung finden können, wenn die beiden durch *legatissimo* verbundenen Töne in harmonischer Beziehung zueinander stehen oder aber der Zusammenklang sehr minimal ist, etwa wie beim synkopierten Pedal. *Legatissimo*

Nonlegato, Portamento, Staccato

Wie wir oben zeigten, geht das *legato* vor allem beim reinen Fingerspiel durch zeitiges Abheben der Finger in das *nonlegato* über. Wenn das Aufheben so zeitig erfolgt, daß die Dämpfung schon hat wirken können, ehe der neue Anschlag erfolgt, so wird von einer Legatowirkung nicht mehr die Rede sein können, und es entsteht das *nonlegato*. Wird die Luftpause zwischen zwei Tönen etwas größer, so wird das *nonlegato* zum *portamento*, das in der Notenschrift durch Punkte und *legato*-Bogen über den Noten zum Ausdruck gebracht wird. *Por-*

tamento bedeutet „getragenes Spiel". Es wird deshalb im allgemeinen nur bei ruhigeren Tonfolgen angewandt, während man bei schnelleren als äußerstes Maß der Trennung das *nonlegato* erzielen kann. Bei ganz schnellen Läufen ist, da der Dämpfer Zeit zum Fall braucht, auch das nicht zu erreichen, sondern nur ein Legatospiel möglich.

Erzielung des portamento und nonlegato

Portamento und *nonlegato* sind durch reines Fingerspiel, durch Wurf- und Schwungspiel aus Handgelenk, Ellenbogen oder gar Schultergelenk, aber auch durch Druckspiel vor allem in Mischung mit den erstgenannten Anschlagsmöglichkeiten zu erzielen. Während das Wesen des *nonlegato* und *portamento* nur die Trennung eines Tones vom anderen ist und der Wert der Note dadurch nicht wesentlich beschränkt wird, ist das *staccato* diejenige Anschlagsart, die, abgesehen von der Trennung der Tonfolgen, eine möglichst kurze Dauer des Tones bezweckt. Die Notenschrift bezeichnet das *staccato* durch Punkt oder senkrechte Striche – etwa wie Ausrufungszeichen – über den Noten. Kommen die Punkte über lang gehaltenen ganzen, halben usw. Noten vor, so ist diese Schreibweise als Abkürzung der jeweiligen Notenwerte anzusehen, und zwar hält man die mit Punkten überschriebenen Noten ungefähr die Hälfte des Wertes aus. Staccatierte Noten sind sie dann nicht, da der Charakter des *staccato* eben das ganze kurze Angeben des Tones ist und ein möglichst schnelles Zurückfahren des Fingers von den Tasten verlangt. Man spielt das *staccato*, indem entweder die Finger direkt nach dem Anschlag von der Taste zurückprallen oder indem sie durch Einziehung schnell über sie hinweggleiten. Bei fixierten Fingern ist das *staccato* aus dem Handgelenk, dem Ellenbogen und Schultergelenk möglich und in dieser Weise vor allem bei Oktaven- und Akkordfolgen anzuwenden; auch das Fingerstaccato muß geübt werden. Ein scharfes, spitzes *staccato* ist – wie schon betont – sehr selten. Ph. E. Bach läßt das *staccato* auf den damaligen Instrumenten ausführen, „als ob man auf glühenden Tasten spiele".

Spielweise des staccato

Die Anwendung der Anschlagsarten bei technischen Aufgaben

Wir haben schon gesagt, daß es nach unserer Ansicht am zweckmäßigsten ist, bei Anfängern mit dem Trainieren der Finger zu beginnen. Hierzu mögen Fünffingerübungen dienen, die in jeder Klavierschule reichlich zu finden sind und über die ich mich aus diesem Grunde nicht weiter äußern will.

Fünffinger-übungen

Die Fingerübungen gehen nach und nach über den Umfang von fünf Tönen hinaus bis zur Oktave und erstrecken sich durch Weiterrücken auf mehrere Oktaven. Durch ihre Ausführung in allen Tonarten werden auch die Obertasten benutzt. Es entstehen dadurch Lagenänderungen der Finger, die dem Schüler geläufig werden müssen. Sie sind anfangs nur *legato* zu machen und sind eventuell auch bei vorgerückten Schülern von Nutzen, um für alle Finger einen gleichmäßig runden und schönen Ton zu erzielen. Das Legatodruckspiel dürfte vorteilhaft erst beim Tonleiterspiel geübt werden. Wir erwähnen bei den Fünffingerübungen noch die Terzen, die nicht hintereinander klappen dürfen und bei denen beide Töne gleich stark angeschlagen werden müssen. Die Übungen mit einem oder mehreren gefesselten Fingern (das sind solche, bei denen ein oder mehrere Finger liegen bleiben) erfordern eingehende Berücksichtigung. Hierbei ist es vorteilhaft, sich stark zu konzentrieren. Bei Vermeidung unnützer Bewegungen, also bei ruhiger Handhaltung, kommt hier das reine Fingerspiel zu besonderer Geltung. Bleibt z. B. der Daumen gefesselt und die übrigen Finger repetieren in schnellerer Bewegung auf einer Taste, so ergibt dies eine praktische Vorübung zum *staccato*. Für Wiederholungen desselben Tones, vor allem für schnelle Wiederholungen, kommt der Fingerwechsel in Betracht, doch lassen sie sich auch mit einem Finger ausführen, ja sogar mit einem fixierten Finger durch Schwingungen der relaxierten Hand oder des Armes.

Breithaupt schreibt: „Der Wechsel der Finger als ein besonderes technisches Element kommt ebenfalls in Fortfall." Damit ist er gegenteiliger Ansicht wie Liszt, der Vater des modernen Klavierspiels, der den Fingerwechsel an vielen Stellen vorschreibt. Der heutige Klavierspieler muß den Fingerwechsel ebenso wie die Wiederholung mit demselben Finger beherrschen und kann auf keine der beiden Anschlagsarten verzichten. Manche Pädagogen lehnen Fesselübungen als zweckwidrig und überflüssig ab; trotzdem finden sich zahlreiche Stellen in der Literatur, bei denen die gefesselten Finger vorgeschrieben sind.

Für jeden Schüler sind nach etwa einem halben Jahr Unterricht Tonleiterstudien, deren Durchführung bei den staatlichen Prüfungen verlangt wird, unentbehrlich. Die Anweisungen für das Skalenspiel sind bereits besprochen. Hinzuzufügen wären noch einige Vorschläge für Übungen im Unter- und Übersetzen.

Man wird bei Untersatzübungen mit dem Untersatz unter dem zweiten Finger beginnen und den unter dem dritten, vierten und fünften Finger folgen lassen. Für jede schöne Skala ist das lockere, lose Spiel Vorbedingung, die aber das Fingerspiel ganz und gar nicht ausschließt. Das Untersetzen wird durch die Innenstellung der Hände

Untersatz-übungen

119

bzw. die Drehung im Speichengelenk erleichtert. Durch das selbst-
verständliche Weitergehen der Hand wird die Größe der Untersatz-

Übersetzen

bewegung vermindert. Auch wird der Schwung beim Übersetzen sehr
wohl Vorübung vertragen. Bei *fortissimo*-Skalen wird das Schleudern
der Finger durch Druck ergänzt. Bei gebrochenen Akkorden sind die
Unter- und Übersetzbewegungen der Finger und des Armes ähnlich
wie beim Skalenspiel, nur sind sie größer. Gehen die gebrochenen
Akkorde über zwei Oktaven und in schnellerem Tempo, so kommt
der Schwung des Armes dem Unter- und Übersetzen zu Hilfe, und es
entsteht eine Art Wellenbewegung durch das seitliche Mitgehen und
das Heben und Senken der Hand bzw. des Armes.

Oktaven, Sexten und Terzen

Oktaven können mit reinem Fingerspiel, und wenn die Finger fixiert
werden, aus dem Handgelenk, Ellenbogengelenk und aus der Schulter gespielt werden.

Die frühere Regel, sie nur aus dem Handgelenk zu spielen, wurde
zwar immer gelehrt, aber meistens nicht ausgeführt. Am häufigsten
werden sie wohl aus dem Ellenbogengelenk genommen, wobei das
Handgelenk etwas zu fixieren ist. Bei *fortissimo*-Oktaven spielt man
sie gewöhnlich aus der Schulter, doch ist das auch bei *pianissimo*-
Oktaven möglich.

Auch bei dem Oktavenspiel ist es verkehrt, irgendeine der angegebenen Möglichkeiten für unnütz erklären zu wollen. Jede Art findet
gelegentlich ihre Anwendung und muß beherrscht und demgemäß
auch geübt werden.

*Legato- und
staccato-
Oktaven*

Ob man bei den Oktaven-Übungen mit dem *legato* oder dem
staccato beginnt, wird im allgemeinen gleichgültig sein. Da aber das
Legato der Oktaven des Sprunges wegen den meisten Schülern größere Schwierigkeiten bereitet, so wird bei kleineren Händen der
Beginn mit der Übung den *staccato*-Oktaven vorzuziehen sein. Die
Oktavenspannung erfordert bei kleinen Händen schon eine verhältnismäßig starke Fixierung. Spielen wir Oktavenfolgen langsam, so ist
eine Entspannung der Muskeln jedesmal möglich, wodurch einer
Ermüdung vorgebeugt wird. Wird die Schnelligkeit größer, so wird die
Gelegenheit zum Entspannen geringer, und bei weiterer Beschleunigung hört die Entspannung ganz auf. Es wird dann schnell eine Ermüdung eintreten, die die weitere Ausführung unmöglich macht, da bei
allen beteiligten Muskeln nach und nach die Fixierung verkrampft
wird. Auf die Dauer ist daher eine Folge von Oktaven in schnellem

Tempo überhaupt nicht auszuführen. Bei der sechsten Rhapsodie von Liszt erstrecken sich die schnellen Oktavengänge über einige Seiten. Die meisten Spieler ermüden schon sehr bald dabei, und nur gewandte führen diese Aufgabe, die noch durch dynamische Steigerung erschwert wird, durch. Es gibt kein Mittel, um die Ermüdung zu verhindern; sie läßt sich nur durch möglichstes Loslassen, d. h. durch möglichst häufiges Erschlaffenlassen der Muskeln und durch größere Inanspruchnahme der stärkeren Oberarm- und Schultermuskeln verzögern. Das Handgelenkstaccato wird bei solchen Stellen meistens fast ganz ausgeschaltet und die Bewegung des Hebels möglichst gering sein, so daß sie nach und nach in ein Vibrieren, ein vertikales Schütteln übergeht. Manche heben und senken bei solchen Schüttelbewegungen das Handgelenk, um dadurch eine kurze Auslösung der Spannung zu erreichen. Die Oktavenstelle im letzten Satz der Beethoven-Sonate op. 53 wird von Virtuosen häufig durch die genannte Vibratobewegung ausgeführt; gedacht sind wohl *glissando*-Oktaven. Jedenfalls finden die Vibrationsoktaven selten Anwendung, während *staccato*-Oktaven und die durch Schleudern der Gewichtsmasse des Armes und der Hand, durch Schlag und Schwung ausgeführten sogenannten *martellato*- oder Hammerschlagoktaven weitaus häufiger vorkommen. Warnen möchten wir noch vor dem starken und hohen Zurückwerfen der Hand bei Handgelenkoktaven, das gar leicht eine krampfartige Versteifung hervorruft. Wir raten daher nur dann zu Handgelenkoktaven, wenn es sich um kleine, federnde Bewegungen handelt. Bei den *legato*-Oktaven kommt das Gleiten des Daumens und kleinen Fingers zur Geltung. Absolute *legato*-Oktaven mit einer Hand sind nahezu ausgeschlossen, da dieselben von kleinen Händen immer mit 1,5 gegriffen werden müssen und auch bei größeren Händen der Daumen immer gleiten muß und nur der vierte und fünfte Finger ein *legato* gestattet (vergl. Bd. I.). Gleitübungen sind überaus wichtig für *legato*-Oktaven. Das Rutschen des Daumens oder fünften Fingers von einer Obertaste nach einer Untertaste ist leicht, die umgekehrte Bewegung aber erfordert Geschicklichkeit. Nur spannfähige Hände sollen die Oktaven teilweise mit dem vierten Finger nehmen. Oktaven, die in wechselnder Folge von Unter- und Obertasten auftreten, sind in den meisten Fällen, der gleichmäßigen Handlage wegen, ohne Seitenbewegung durchweg mit 1,5 zu nehmen, worin im *legato* durch Übung eine große Geschicklichkeit zu erreichen möglich ist. Bei Oktaven ist meistens der fünfte Finger stärker anzuschlagen als der Daumen, weil er in der Rechten häufig einen Melodieton angibt, in der Linken den Baß markieren soll.

Vibrations-Oktaven

Martellato-Oktaven

Gleitübungen

Legato-Sexten	Die Ausführung der legato-*Sextengänge* bedingt eine fast ununterbrochene Anwendung der Drehbewegung des Handgelenks und des Unterarmes. Schon die Fingerfolge $\frac{4}{1}\ \frac{5}{2}$ macht für kleinere Hände ein Nachgeben der Hand und des Armes nötig, das beim Wiedereinsetzen des $\frac{4}{1}$ hauptsächlich beim Aufwärtsgehen in eine starke Bewegung übergeht. Führt der Daumen eine Gleitbewegung aus, so reduziert sich die Bewegung, aber auch das Legatospiel wird sich dann nur auf den vierten und fünften Finger erstrecken.
Staccato-Sexten	Die *staccato*-Sexten werden im allgemeinen in derselben Weise ausgeführt wie die staccato-Oktaven.

Die Spannung der Finger bei *legato*-Sexten $\frac{4}{1}\ \frac{5}{2}$ ist sehr groß. Daraus folgt, daß die Ermüdung schnell eintritt. So stellt z. B. die Sextenetüde von Chopin ziemlich große Anforderungen an die Ausdauer des Spielers. Es gilt dabei also vor allem, jede Gelegenheit zur Entspannung der Muskeln auszunutzen und alle nicht oder weniger stark beteiligten Muskeln so schlaff wie möglich zu halten.

Terzen   Die Ausführung der *Terzen* wird wieder besondere Ansprüche an die Fingertechnik stellen, die nur in manchen Fällen vom Schwingen des Handgelenks und Armes unterstützt werden kann. Absolutes *legato* bei Terzen ist nur möglich, wenn die Handlage nicht verändert zu werden braucht oder bei dem Fingersatz $\frac{4}{2}\ \frac{5}{1}\ \frac{4}{2}\ \frac{5}{1}$ usw. Bei schnelleren Terzenskalen ist der zuletzt angegebene Fingersatz für *legato* kaum anwendbar, doch werden beim Aufwärtsgehen die Finger 2, 3, 4, 5 *legato* weitergeführt werden können, und nur der Daumen wird durch Gleiten das *legato* etwas unterbrechen. Durch Übung und Geschicklichkeit läßt sich dies aber fast ganz verdecken, so daß eine perlende Terzenskala entsteht. Beim Abwärtsgehen hat der fünfte Finger das Übersetzen auszuführen, was wiederum eine Lücke verursacht. Bei geschickter Ausführung wird jedoch die Gleichmäßigkeit nur kaum hörbar beeinträchtigt. Zu lange darf der dritte Finger vor dem Übersetzen des fünften nicht gehalten werden, um den Fluß nicht zu stören, doch auch ja nicht zu kurz, da sonst der mit dem dritten Finger angeschlagene Ton abgerissen klingt und dadurch den Mangel des *legato* besonders fühlbar macht. Die Terzen sind mit jeder Hand allein zu üben, da der dritte Finger an der eben bezeichneten Stelle von den meisten Schülern bei schnellerem Tempo häufig ganz ausgelassen wird, was leicht durch die Vollgriffigkeit überhört wird, wenn beide Hände in Terzen gehen. Für Terzentriller, bei denen der Fingersatz $\frac{4}{2}\ \frac{5}{1}\ \frac{4}{2}\ \frac{5}{1}$ angewendet werden kann, kommt eine vertikale Schüttelung der Hand bzw. des Armes in Betracht, die die Ausführung etwas erleichtert und der Ermüdung vorbeugt.

Akkorde werden im allgemeinen durch Wurf, Schlag und Schwung der fixierten Finger aus dem Handgelenk oder Schultergelenk ausgeführt. Die Fixierung der Finger erfolgt in der Weise, daß die Kuppen der Anschlagsfinger in einer Ebene liegen und über die der anderen Finger hinausragen. Bei schnellem Akkordwechsel hat das Umfixieren blitzschnell zu erfolgen.

Anschlag von Akkorden

Akkorde aus dem Ellenbogengelenk kommen wohl am häufigsten vor, und die Dynamik wird durch den Schwung und Druck geregelt. Gleichmäßige Begleitakkorde werden vorteilhaft in der Weise ausgeführt, daß die fixierten Finger auf die Tasten gelegt und diese dann durch gleichmäßigen Druck angeschlagen werden (vgl. Bd. I). Diese Art erleichtert die Erzielung gleicher Stärke für jeden Ton des Akkordes, die sehr oft vernachlässigt wird. Die Ungleichmäßigkeit der Töne eines Akkordes geht häufig so weit, daß manchmal einzelne Töne desselben Akkordes (besonders dann, wenn nach ihm schnell ein entlegener Baßton gegriffen werden muß) ganz fehlen. Solch grobe Fehler werden von Schülern gar nicht bemerkt, vor allem, wenn das Pedal die Stelle deckt. Häufig wird auch der letzte Akkord vor entlegenen Baßtönen abgerissen und kontrastiert deshalb mit vorausgehenden von gleichen Zeitwerten in fehlerhafter Weise, sei es durch zu schwachen oder zu starken Anschlag. Dieser fehlerhafte Anschlag ist so verbreitet, daß wir ganz besonders auf seine Vermeidung zu achten anraten.

Akkorde aus dem Ellenbogengelenk

Akkorde, die durch das Niederdrücken der aufgelegten Finger, also durch Druckspiel ausgeführt werden, sind dynamisch besonders gut zu regulieren. Das Gefühl in den Fingerspitzen ermöglicht das zarteste *pianissimo* und ein gleichmäßiges *crescendo* bis zum *forte* und umgekehrt. Starke Akkorde verlangen dagegen häufig den Wurf bzw. Schlag des Armes aus dem Ellenbogen bzw. Schultergelenk bei ziemlich kräftiger Fixierung des Handgelenks und der Finger.

Akkorde durch Druckspiel

Selbstredend gilt es auch manchmal Handgelenkakkorde zu bringen, doch sollte ihre Anwendung aus bereits angegebenen Gründen für seltene Fälle vorbehalten bleiben.

Handgelenk-akkorde

Schwierig ist die Heraushebung einzelner Töne eines Akkordes, der mit einer Hand zu spielen ist, also z. B. die Führung einer Melodie, die durch Akkordtöne in derselben Hand harmonisiert ist. Die Hauptbelastung ruht dabei auf den melodieführenden Fingern. Es ist anzuraten, zum Hervorheben eines Tones die Kuppe des betreffenden Fingers über die Ebene, die von den fixierten Akkordfingern gebildet wird, hervorzuheben. Dadurch wird der Ton beim Anschlag etwas stärker herauskommen, aber auch etwas vor den anderen anschlagen.

Das Früherkommen des hervorgehobenen Tones muß aber so gering sein, daß es nicht auffällt. Der Melodie gegenüber sind die Begleitungstöne im allgemeinen wesentlich leiser zu spielen. Am besten übertreibt man beim Üben die Unterschiede sehr stark und vermittelt die angemessene Stärke durch strengste Ohrkontrolle (vgl. Bd. I).

Anschlag beim polyphonen Spiel und bei Phrasierungsstellen

Polyphonie

Die *Polyphonie* (Mehrstimmigkeit) ist eine Setzweise, bei der eine bestimmte Anzahl selbständiger Stimmen im Verlauf eines Musikstückes durchgeführt wird. Die Stimmen sind gleichberechtigt und bringen demnach Themen und Kontrapunkte abwechselnd in ähnlicher Weise. Eintritt und Verlauf einer jeden Stimme müssen deutlich erkennbar sein. Dabei entstehen unter Umständen große Schwierigkeiten für den Anschlag, besonders in den Engführungen, bei denen die thematischen Einsätze der Stimmen unmittelbar aufeinanderfolgen. Die Ausführung solcher Stellen wurde im wesentlichen bereits im vorausgegangenen Kapitel (Hervorheben einzelner Töne in derselben Hand bei Akkorden) behandelt.

Für den Beginn der *Phrase* und die dynamische Schattierung ihres Gipfelpunktes finden alle besprochenen Anschlagsarten Anwendung. Zu erwähnen wäre noch der Anschlag ihrer Endung, der häufig ein Absetzen bzw. Abziehen des letzten Tones verlangt. Oft wird der letzte Ton der Phrase ja der schwächste sein und sein Notenwert etwas gekürzt. Man erreicht dies durch ein Schleudern der Finger oder ein Abziehen derselben über der Taste. Selbst ein auf starkem Taktteil stehender Ton ist hier unter Umständen unbetont abzuziehen. Soll der letzte Ton der Phrase auf starkem Taktteil etwa betont werden, so zeigt dies der Komponist auf irgendeine Weise an. Äußerste Vorsicht ist beim Abziehen einer Phrasenendung geboten, damit der letzte Ton nicht unabsichtlich kurz und abgerissen, deswegen zu stark wird, was von ungeübten Ohren meistens überhört wird.

VI. Phrasierung

Unter *Phrasierung* verstehen wir die Abgrenzung und Schattierung der Phrasen, das sind mehr oder weniger in sich geschlossene, zusammengehörige Glieder musikalischer Gedanken.

Kennzeichnung der Phrasierung

Die Phrasierung wird in der Notenschrift durch besondere Zeichen – Bögen, Pausen, Kommata – dargestellt, beim Vortrag durch

Absetzen bzw. Markieren des Anfangs und Endes der Phrasen und durch dynamische Schattierung gekennzeichnet.

Die Bezeichnung der Phrasierung in der Notenschrift

Die Komponisten benutzen fast durchweg zur Zusammenfassung der Phrasen nur die Phrasierungsbögen, die die Form der Legatobögen haben. Aus diesem Grund sind beide vielfach verwechselt worden, auch läßt die genaue Durchführung der Bögen manchmal zu wünschen übrig. Zur leichteren Orientierung der Spieler entstanden daher eine große Anzahl Phrasierungsausgaben, die zum Teil mit Bezeichnungen übersät waren, was der Übersicht wesentlich Abbruch tat.

Legato- und Phrasierungs- bögen

Zur Vereinfachung wurden dann wiederum teilweise die Legatobögen abgeschafft mit der Bedingung, daß alle Stellen *legato* gespielt werden sollten, wenn die Staccatopunkte es nicht anders verlangten, so daß die Bögen nur Phrasierungsbögen darstellten.

Fiel das Ende einer Phrase und der Anfang einer neuen auf eine Note zusammen, so wurde über derselben eine Kreuzung vorgenommen: ⌢ .

Sollte die Schlußnote einer Phrase voll ausgehalten werden, so wurde der Schluß des Bogens mit dem Beginn des neuen über der Note zusammengefügt ⌢ oder ein Strich (tenuto) über dieselbe gemacht.

Als Zeichen für die Unterbrechung einer Phrase beim Einsatz eines weiteren neuen Schlusses wurde in manchen Ausgaben eine Unterbrechung des Bogens durch zwei kleine Striche vorgenommen, um die Gliederung für das Auge deutlich zu machen: ⌣ .

Am Schluß von Hauptabschnitten finden wir bisweilen zwei kleine Striche, bei Nebenabschnitten einen kleinen Strich. Auch Kommata machen die Gliederung deutlich.

Zur Unterscheidung von schweren und leichten Takten wurden die Zeichen ⋎ (für schwer), ⋓ (für leicht) gewählt, die hier und da auch durch die Punktierung der Taktstriche (beim Beginn der leichten Takte) markiert wurden.

Soviel zur Orientierung beim Gebrauch der Phrasierungsausgaben.

Die Phrasierung beim Vortrag

Zur Erkennung der nicht immer genau bezeichneten Phrasen sind Kenntnisse in der Formenlehre unerläßlich[*].

Die Teile oder Glieder musikalischer Gedanken, nach denen ein Einschnitt gemacht werden soll, sind entweder Taktmotive oder Taktgruppen oder Halbsätze oder Perioden.

Taktmotive sind kurze Tonfolgen, die nur eine schwere Zählzeit haben.

Taktgruppen sind Tonfolgen, die zwei schwere Zählzeiten als höhere Einheit zusammenfassen.

Halbsätze sind aus vier Taktmotiven zusammengesetzte Tonfolgen, deren Hauptakzent auf dem schweren Taktteil der zweiten Gruppe liegt.

Perioden setzen sich aus Vorder- und Nachsatz zusammen.

L. v. Beethoven, Sonate G-Dur op. 49 Nr. 2, 2. Satz

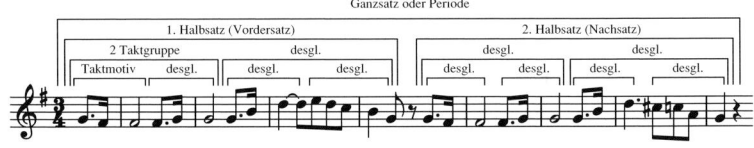

Besondere Aufmerksamkeit bei der Phrasierung erfordern die *Unterteilungsmotive*, das sind kurze Tonfolgen, bei denen eine einzige Zählzeit den Schwerpunkt bildet, so daß in einem Takt so viel Schwerpunkte möglich wie Zählzeiten vorhanden sind (z. B. Beethoven, Sonate op. 2 Nr. 1, *Allegro*, Takt 26 bis 33).

L. v. Beethoven, Sonate G-Dur op. 31 Nr. 1, *Rondo*. Die Ausgabe Cotta phrasiert:

[*]   Ausführliches über diesen Punkt findet man in den Phrasierungsbüchern von Hugo Riemann.

logischer:

Welche Anhaltspunkte haben wir nun, um eine gute Phrasierung bei Stellen zu finden, an denen uns die Notation des Komponisten im Stich läßt oder einer besonderen Ausdeutung bedarf? Wie lassen sich Anfang, Ende und Schwerpunkt einer Phrase bestimmen, damit wir sie richtig vortragen?

Der *Schluß einer Phrase* wird in bezug auf die Harmonie durch Ganzschluß, Halbschluß oder Trugschluß gekennzeichnet.

Phrasenschluß

Bei den sogenannten Schlüssen, auf die eine weibliche Endung folgen kann – d. h., die Schlußnote steht auf leichtem Taktteil –, ist das Ende der Phrase ohne weiteres ersichtlich.

Als *Endpunkte* wirken Längen auf schweren Taktteilen (sofern die Harmonisierung nicht ein Weiterfließen der Melodie verlangt), denen eine weibliche Endung folgen kann. Auch Pausen verursachen eine Gliederung; das Ende der Phrase ist hier meistens nicht schwer zu bestimmen, wenn die Pausen nicht nur zur Verkürzung der Noten dienen.

Endpunkte einer Phrase

Das Ende der Phrase ist auch kenntlich an der Gestalt der sie beginnenden Taktmotive, die mit oder ohne Auftakt beginnen können (Bach, 1. zweistimmige Invention). Haben die Taktmotive einen Auftakt, so ist der Einschnitt oder die Gliederung dort zu finden, wo der Auftakt wieder auftritt, der allerdings manchmal verschwindet (z. B. D-Dur-Präludium von Bach). Beginnt ein Taktmotiv mit schwerem Taktteil, so wird der Phrase gewöhnlich eine ähnliche gegenübergestellt (Beethoven, Sonate op. 2 Nr. 3, Anfang; oder op. 110, 2. Satz). Durch eine solche Gegenüberstellung ähnlicher Gebilde markiert sich die Abgrenzung: Ähnliches trennt, Unähnliches bindet. Meistens sind Symmetrien gleichartig, doch können auch Störungen eintreten:

Gestalt der Taktmotive

Abgrenzung

1. durch Einschaltungen oder Erweiterungen. Diese entstehen a) durch Sequenzen, das sind Weiterschiebungen eines Motives auf andere Stufen der Skala unter Wahrung der Harmonie. Sie finden sich meistens im Nachsatz (Beethoven, Sonate op. 57, letzter Satz, *Presto*; *Andante* F-Dur [statt 8, 14 Takte]; Phantasie op. 77, *Allegro con brio*); b) durch Wiederholung oder Umänderung des schweren zweiten Gliedes, die zur Schlußverbesserung, Überleitung oder Schlußbestätigung dient (Beethoven, Sonate Es-Dur op. 27, Satz 3, Takt 25; op. 26, Thema; op. 22, *Adagio*).

Erweiterungen oder Einschaltungen

2. durch Auslassungen, die meistens aus der Verschmelzung zweier Phrasen herrühren (Beethoven, Sonate F-Dur op. 10 Nr. 2, 3. Satz, *Presto*).

Einschnitte markieren sich auch in der Melodieführung durch Sprünge, die den melodischen Fluß wesentlich unterbrechen, ja schon manchmal durch einen Wechsel in der Richtung der Tonfolgen.

Auch Ton*wiederholungen* wirken oft gliedernd.

Die Phrasenlänge ist durchaus verschieden; sie ist manchmal nur halbtaktig (z. B. bei zusammengesetzten Taktarten), aber erstreckt sich unter Umständen über eine ganze Reihe von Takten. Es wurde schon früher gesagt, daß stellenweise sogar die Unterteilungen der Taktglieder selbständig phrasiert werden müssen.

Für den richtigen Vortrag einer Phrase ist nach dem Erkennen ihres Anfangs und Endes die ihr zukommende dynamische Schattierung und die anzuwendende agogische Veränderung das Wesentlichste. Als Regel gilt, daß jede Phrase immer nur *einen* dynamischen Gipfelpunkt hat und dieser stets die schwere Note eines der Taktmotive, Taktgruppen usw. ist, nach der bereits erfolgten Erklärung. Im allgemeinen wird der Gipfelpunkt durch ein *crescendo* eingeleitet, während ein *diminuendo* auf ihn folgt. Beginnen die Phrasen volltaktig und haben den Schwerpunkt auf der Anfangsnote, so folgt kein *crescendo*, sondern ein *diminuendo*. Auftaktige Phrasen wachsen dagegen manchmal bis zum Schwerpunkt an, ohne daß ein Abnehmen von da an erfolgen muß.

Für die agogischen Veränderungen, also diejenigen kleinen Tempoänderungen (Modifikationen), die der Komponist nicht anzeigt, sondern dem Geschmack des Spielers überläßt, gilt im allgemeinen der Grundsatz, daß bis zum Gipfelpunkt eine gewisse Beschleunigung auftritt, während die Gipfelpunktsnote eine kleine Verlängerung erfährt. Vom Gipfelpunkt geht häufig eine Verzögerung aus, die sich bis zur letzten Note der Phrase erstreckt (also vor allem bei weiblichen Endungen).

Die Zusammenfassung und damit die Trennung aufeinanderfolgender Phrasen ist gegeben, wenn letztere durch Pausen abgeschlossen sind. Schwierig aber wird die Aufgabe bei ununterbrochener Folge von Phrasen. Es hat zwischen solchen ein Absetzen zu erfolgen, das natürlich kurz sein muß und nicht abgerissen klingen darf, damit der Fluß nicht unterbrochen und das Ganze nicht zerhackt erscheint.

Die Endnote der ersten Phrase wird meistens unbetont, die erste der neuen etwas betont auftreten, oder, wie es bei Beethoven nicht selten ist, es erreicht eine Gipfelung *ff* und der neue Ansatz erklingt

128

unmittelbar darauf im *pp*. Unter Umständen wird die Trennung durch eine unwesentliche Verlängerung der Endnote erzielt. Mit großer Vorsicht sind die Unterteilungsmotive zu gliedern bzw. zu trennen, denn hierbei ist die Gefahr nicht gering, daß der Vortrag etwas Zerpflücktes, Manieriertes bekommt. Riemann hat sich zur Abgrenzung der Phrase daher des Zeichens ⌐ bedient, und andere setzen an den Schluß einen kleinen oder größeren Strich |. Mit dem größeren Strich wird dann die deutliche Trennung zweier Phrasen bezeichnet, die im *legato* gewöhnlich durch eine (dem Atemholen des Sängers entsprechende) Pause, im *staccato* oder *portamento* durch einen dynamisch verstärkten Einsatz der neuen Phrase bewirkt wird. Der Halbstrich wird gebraucht, wenn eine schwächere Trennung im legato nicht durch Abziehen der Hand (Atempause), sondern durch geeignete Nuancierung (Abfallenlassen der Endnoten der vorhergehenden und Hervorheben der Anfangsnote der neuen Phrase) geschehen soll. In *staccato*- und *portamento*-Phrasen wird die schwächere Trennung durch einen leichteren Einsatz der neuen Phrase erreicht. Stellt die Endnote einer Phrase zugleich die Anfangsnoten der nächsten dar, so steht der Strich über oder unter der Note, die als Einsatz der neuen Phrase etwas kräftiger zu spielen ist.

Wir haben oben Entstehung und Wesen der Phrasen kurz erläutert, da wir der Meinung sind, daß uns dadurch eine Handhabe geboten wird, Anfang, Ende und Höhepunkt zu bestimmen, selbst auf die Gefahr hin, daß Unerfahrene und Unselbständige irregeführt werden könnten, wie Scharwenka sagt, und daß durch das Sezieren einem der Höhepunkt entgehen könnte. Das Erkennen der Phrasen ist nicht immer einfach. Der Schüler irrt sich dabei leicht und ist vielfach auf die Hilfe des Lehrers angewiesen.

VII. Pedal

Bei der Durchnahme neu einzustudierender Klavierwerke machte ich die merkwürdige Feststellung, daß meine konzertreifen Schüler nicht imstande waren, beim Pedalgebrauch Takt zu treten. Dieser Fehler wurde von den Schülern, ehe sie das Studium bei mir anfingen, in erfolgreichen Konzerten begangen, ohne daß das Publikum daran Anstoß nahm oder die Kritik ihn erwähnte. Wieder ein Beweis dafür, wie weit die Trainierung des Ohres gehen muß, um Fehler zu hören. Die in Frage kommenden Schüler *hoben* ohne Ausnahme auf mein Geheiß „Takt zu treten" den Fuß auf dem starken Taktteil, um ihn dann sofort wieder zu senken. Dieses Nachtreten wird im allgemeinen als *synkopiertes Pedal* bezeichnet und ist deshalb kein Takttreten. Ich hatte die allergrößte Mühe, die sonst ausgezeichneten Pianisten dahin zu bringen, das Takttreten durchzusetzen, so daß also das Niedertreten des Fußes genau mit dem Anschlag des schweren Takt-

teiles zusammenkam. Nun ist das Takttreten diejenige Art des Pedalgebrauchs, die viel benutzt werden muß. Viele Lehrer lehren nur das synkopierte Pedal, und deshalb hat man sich im allgemeinen daran gewöhnt, das Takttreten zu verlernen und es für falsch zu halten. Es gehört allerdings eine gewisse Geschicklichkeit dazu, das Pedal genau auf die erste Zählzeit zu bringen, ohne daß vom vorhergehenden Takt unbeabsichtigt – also etwa durch unpräzises Fingerspiel – ein Ton in den neuen Takt mit hineinklingt. Im allgemeinen erfolgt der Harmoniewechsel auf starkem Taktteil, und der Baßton muß mitklingen, um das Fundament für den Aufbau zu bilden. Man kann reihenweise Beethovensche Sonaten durch Takttreten richtig pedalisieren. Das gleiche gilt auch für Chopinsche Kompositionen. Bei Beethoven wird es vorteilhaft sein, das Pedal kürzer, bei Chopin länger auszuhalten, da bei dem letzteren die Tonfolgen vielfach sozusagen im „Pedaldunst" schwimmen müssen, während bei Beethoven durchsichtige Klarheit ein Gebot des Vortrages ist.

Der Pedaltechnik wird, wie aus dem Vorangegangenen hervorgeht, im allgemeinen viel zu wenig Wert beigelegt. Wie wir versuchen, die Notenwerte genau wiederzugeben, müssen wir uns bemühen, den

Anschlag des Fußes so lange mit Überlegung zu üben, bis auch er sozusagen im Unterbewußtsein geschieht. Wenn wir uns die Fingertechnik an einer Komposition zu eigen gemacht haben, ist es ratsam, auch die Fußtechnik mit größter Genauigkeit zu studieren. Für

das Niedertreten der Füße auf die Pedale ist es vorteilhaft, sie gleichmäßig davor zu plazieren, so daß die Hacken fast auf dem Boden feststehen, während der vordere Teil etwa einschließlich des Ballens auf den Pedalen ruht. Wenn der Fuß nicht im Kontakt mit dem Pedal bleibt, so entsteht leicht durch sein Aufschlagen beim Gebrauch ein Geräusch, das unter Umständen sehr störend wirkt.

Ehe man sich mit der Ausarbeitung des Pedalgebrauches bei einem Stück beschäftigt, ist es praktisch, sich die Technik des Takttretens und des synkopierten Pedals durch das Studium passender Stellen anzueignen. Auch sind Studien zu machen, das Pedal vor dem Fingeranschlag zu nehmen, damit z. B. Vorschläge, die als Baßtöne durchklingen müssen, zeitig genug erfaßt werden. Dieses Pedalnehmen ist sehr schwierig und bedarf äußerster Konzentration, denn der Fußanschlag muß ganz unabhängig von und vor dem Handanschlag erfolgen. Dieses Vorwegnehmen ist auch häufig wichtig vor dem Eintritt von Motiven, damit diese gleich von vornherein vollklingend in Erscheinung treten. Wenn man nämlich das Pedal vor dem Anschlag antritt, so werden die Saiten auch ohne Spiel etwas in Schwingungen versetzt und der Anschlag wirkt dann nachhaltiger. Erst nach diesen Vorübungen wird es vorteilhaft sein, sich mit den folgenden Untersuchungen über die Anwendung des Pedals zu beschäftigen.

*

Die heutigen Klaviere haben fast durchweg zwei Pedale, von denen das rechte klangvergrößernd, das linke klangvermindernd wirkt.

Wir betrachten zunächst das rechte Pedal und beziehen uns dabei häufig auf das ausführliche Buch Louis Köhlers „Der Klavierpedalzug, seine Natur und künstlerische Anwendung". Dieses Werk brachte als erstes eine eingehende Besprechung der Pedalfragen, die auch heute noch fast durchweg zutreffend erscheint. Leider ist es seit etwa 30 Jahren vergriffen und daher zum Studium nicht mehr heranzuziehen.

Die Unterweisung im Pedalgebrauch ist ungemein schwierig, da Regeln, an die man sich halten könnte, kaum aufzustellen sind. Die Ausnahmen würden die Regeln vielleicht weit übertreffen. Man wird in vielen Fällen sowohl mit als auch ohne Pedale spielen und für beide Ausführungen stichhaltige Gründe anführen können. Beide Arten können ihre ästhetische Berechtigung haben und durchaus künstlerisch wirken. Häufig werden daher auch viele Stellen von verschiedenen Künstlern verschieden pedalisiert, ohne daß die abweichenden Auffassungen ihre gute Wirkung beeinträchtigen. Trotzdem kann und darf das Pedal durchaus nicht willkürlich und ohne Überlegung angewandt werden. Klavierspieler, die das Pedal heruntertreten und nur kurz heben, wenn ihnen das Tongewirr zu groß wird, machen eine nichts weniger als schöne Musik. *(Unterweisung im Pedalgebrauch)*

Das Pedal trägt wesentlich zur Erhöhung der Vortragswirkung bei und ist deshalb für das Klavierspiel ein wichtiges, häufig ganz unentbehrliches Hilfsmittel. Wenn es früher selbst gute Musiker gab, die glaubten, ohne Pedal auskommen zu können, so lag das an der Unkenntnis der richtigen Behandlung oder auch an einem nicht gut entwickelten Pedalmechanismus.

Es wird unsere Aufgabe sein, die Wirkung des Pedals zu untersuchen, damit wir daraus Schlüsse ziehen können, wann und wie es anzuwenden ist. Wir werden uns darauf beschränken müssen, Tonfolgen zu betrachten, bei denen das Pedal nicht genommen werden *(Anwendung des Pedals)* kann und andere, bei denen es vorteilhaft zu benutzen ist. Das Hilfs-mittel, das Pedal den Bezeichnungen gemäß zu nehmen, versagt häu-fig, da diese Bezeichnungen von manchen Komponisten nur andeu-tungsweise gegeben werden. Die üblichen Bezeichnungen: 𝕻𝕰𝕯. zum Niedertreten und ✳ zum Heben, nehmen zuviel Platz weg, um den genauen Eintritt und das Ende zu bestimmen, da das Pedal unter Umständen, einen Moment zu lange gehalten, schon sehr störend wirken kann und zu spät genommen, eine fühlbare Unterbrechung ergibt. Wesentlich genauere und leicht zu bestimmende Pedalbe-zeichnungen sind die Zeichen: ∟ für den Beginn, ⌐ für das Ende, + für den kurzen Wechsel. Leider haben sie sich aber nicht eingebür-gert. In der nachfolgenden Abhandlung benutzen wir diese Zeichen öfter wegen ihrer Kürze.

Louis Köhler gibt die Dauer des Pedals durch eine Note auf einer Systemlinie an, der er natürlich den genauen Zeitwert geben kann. Die Durchführung dieser Pedalangabe würde aber bei häufigen Trit-ten sehr kompliziert sein und ist deshalb praktisch undurchführbar.

Durch die Kenntnis der Wirkung des Pedals und achtsame Kon-trolle durch das Ohr werden wir uns nach und nach Feinfühligkeit im Gebrauch aneignen, die uns instand setzt, es ohne langes Besinnen schon im Vomblattspiel geschmackvoll und richtig anzuwenden. Das Ohr muß entscheidend sein, und deshalb können wir nicht genug zu seiner Ausbildung tun.

Der Pedal-mechanismus
Der Mechanismus des Pedals besteht darin, daß die Dämpfer sämtlicher Saiten beim Zutreten durch Hebel aufgehoben werden und erst beim Heben des Fußes zurückfallen. Beim Anschlag eines Tones ohne Pedalgebrauch dagegen hebt sich nur der Dämpfer, der zu der angeschlagenen Saite gehört, so daß nur eine Saite, bzw. drei gleichgestimmte erklingen können, die aber beim Heben des Fingers von der Taste sofort zu tönen aufhören, da sich dann der Dämpfer gegen sie legt. Heben wir die Dämpfer durch Zutreten des Pedals und schlagen einen Ton an, so wird der Ton durch das Mitschwingen der übrigen von den Dämpfern befreiten Saiten vergrößert und wird trotz Hebens des Fingers fortklingen, so lange die Saiten in Schwingung bleiben. Treten wir Pedal und schlagen einige Töne nacheinander an, so werden diese ineinanderklingen. Dieses Ineinanderklingen der Töne und der Stärkezuwachs beim Pedalgebrauch kann, geschickt angewandt, schöne Wirkungen erzielen, im anderen Fall aber ein häß-liches Tongewirr erzeugen.

Pedalwirkung im Baß und Diskant
Am wirkungsvollsten ist das Pedal im Baß, weil er die größten und am längsten schwingenden Saiten besitzt. Die geringste Wirkung hat

132

es im hohen Diskant, bei dem der kurz schwingenden Saiten wegen sogar die Dämpfer teilweise ganz fehlen. Trotzdem wirkt das Pedal auch hier durch das Mitklingen der tieferen Saiten.

Wir werden der Natur des Pedals entsprechend seine Behandlung von drei Gesichtspunkten aus betrachten müssen:
1. sein Gebrauch zur Erzielung von Klangmassen,
2. zur Verbindung von Tönen und Akkorden, die mit den Fingern nicht gebunden werden können,
3. zur Erzielung ästhetischer Klangwirkungen, die durch Hervorhebung einzelner Töne und Teile eines Stückes erreicht werden.

Der dritte Gesichtspunkt wird sich oft aus den beiden ersten ergeben.

1. Der Pedalgebrauch zur Erzielung von Klangmassen

Die Betrachtung soll sich zunächst auf *akkordische*, dann auf *stufenweise* Tonfolgen beziehen.

Pedalgebrauch bei akkordischen Tonfolgen

Bei Tonfolgen, die demselben Akkord angehören, kann der Pedalgebrauch keine Dissonanzen erzeugen, wird also in dieser Beziehung dem Ohre nicht unangenehm sein, einerlei, ob es sich dabei um zusammenklingende oder gebrochene Akkorde handelt. Beabsichtigt der Komponist massigere Klangwirkung durch Anhäufung akkordischer Töne, z. B.:

L. v. Beethoven, Sonate cis-Moll op. 27 Nr. 2, 3. Satz

L. v. Beethoven, Sonate cis-Moll op. 27 Nr. 2, 3. Satz

so ist der Pedalgebrauch mit langen Tritten erforderlich, bei dem das Ohr jedoch zu entscheiden hat, ob nicht durch kurzes Abdämpfen hier und da der Ansammlung zu großer Tonmassen vorgebeugt werden muß.

134

Als Beispiel für dergleichen Wirkungen (Köhler nennt sie Füll- und Rauscheffekte) diene die Stelle aus:

*Pedalgebrauch
mit langen
Tritten*

Fr. Chopin, Polonaise cis-Moll op. 26 Nr. 1

Selbstredend ist es durchaus nicht ratsam, immer das Pedal zu gebrauchen, wenn die Akkordfolge es erlaubt, weil sonst in vielen Fällen die Phrasierung nicht genügend zutage tritt, die Klangansammlung zu groß wird oder der Melodienfluß nicht mehr deutlich ist. Schon hier sind Überlegungen anzustellen, obwohl von einem Ineinanderrinnen von Dissonanzen noch keine Rede ist.

*Überlegungen
beim Pedal-
gebrauch*

Bei akkordischen Melodietönen werden die vorausgegangenen beim Pedalgebrauch stets als Harmonie mitklingen, wodurch die Deutlichkeit in der Melodieführung unter Umständen leidet. Allerdings nimmt der Ton nach dem Anschlag so schnell an Stärke ab, daß der folgende den voraufgegangenen weit übertönt. Die Melodieführung bleibt also kenntlich. Trotzdem ist eine zu große Tonan-

135

sammlung der Übersichtlichkeit halber häufig nicht ratsam und öfteres Heben des Pedals zu empfehlen. Wann der Pedalwechsel zu erfolgen hat, ist manchmal aus der Betonung ersichtlich (bei metrischen oder rhythmischen Akzenten ist das Neutreten wirkungsvoll),

manchmal aus der Phrasierung, z.B.  . Hier wäre das

Pedal wohl wie angegeben zu nehmen. Bisweilen ergibt es sich aus der Tonlage, da die Höhe mehr Pedal als die Tiefe verträgt. Akkordische Tonfolgen erscheinen besonders häufig bei Begleitungsfiguren gebrochen. Jede zu einem Akkord gehörige Formenbildung wird daher einen Pedaltritt vertragen; ob derselbe aber jedesmal zu verwerten ist, muß der Zusammenhang mit der Melodie, die darunter nicht leiden darf, also die Gesamtwirkung, ergeben. Die (von Köhler) der Literatur entnommenen Beispiele erläutern den zulässigen Pedalgebrauch, z. B.:

W. A. Mozart, Sonate C-Dur, 1. Satz

Der erste Takt enthält in Melodie und Begleitung zum selben Akkord gehörende Töne, die das Aushalten des Pedals erlauben; auch die Melodietöne gestatten es, weil sie nach oben gehen und sich deshalb nicht decken. Im zweiten Teil verträgt der Dominantseptakkord einen Pedaltritt, der der Klangreinheit wegen nur bis zum ersten c als nicht harmonischem Ton dauert. Das zweite c verträgt wiederum einen kurzen Pedaltritt, damit das Ende der Phrase deutlich wird. Dem dritten Takt liegt der Dreiklang der vierten und darauf der ersten Stufe zugrunde, von denen jeder einen besonderen Pedaltritt verlangt. Die beiden ersten Melodienoten des vierten Taktes gehören zur Dominantseptimenharmonie, für die zusammen ein Pedaltritt genügt, da auch der Zusammenklang von f und g die Melodieführung durch die Wiederholung des g beim Triller nicht beeinflußt. Der Melodieton e verlangt wegen des Harmoniewechsels einen neuen Pedaltritt, der wegen der Phrasierung den Wert der Note nicht überschreiten soll.

136

Wenn auch Mozart bei dieser Stelle Pedal nicht vorgeschrieben hat, so wird es zur Hebung des Melodiegesangstones vorteilhaft wirken. Eine derartige Pedalwirkung wird durch den vollen, runden Ton unseres modernen Klaviers, den Mozart nicht kannte, unterstützt und aus ästhetischen Gründen gerechtfertigt erscheinen. Es wäre töricht, auf derlei Vorteile, die dem schönen Vortrag einer Komposition dienen, nur deshalb zu verzichten, weil der Komponist sie nicht kannte. Wir dürften dann Bachs Klavierkompositionen nur auf einem Cembalo vortragen, bei dem durch die verschiedenen Register und die Koppelung schöne Effekte zu erzielen sind, auf welche wir beim modernen Klavier, dem das Cembalo wich, verzichten müssen. Wollen wir Mozart spielen, wie Mozart seine Werke hörte, dann müssen wir das Clavichord oder den Hammerflügel wählen. Beim Vortrag auf unserem modernen Flügel aber sind logischerweise die diesem eigenen Vorteile auszunutzen.

Als Beispiel für akkordische Begleitungsfiguren diene:

W. A. Mozart, Sonate F-Dur, 1. Satz

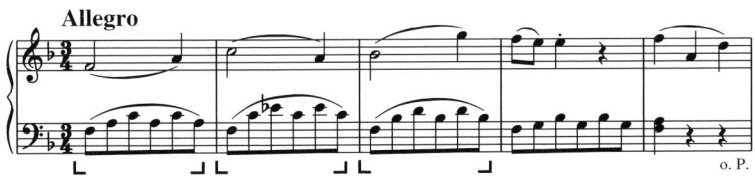

Beim fünften Takt ist Pedal nicht ratsam, weil die Melodieführung akkordisch wirken soll und das a durch das f zuviel gedeckt würde[*]. Wir haben bislang den Pedalgebrauch bei Tonfolgen desselben Akkordes betrachtet. Selbstredend muß das Pedal vor dem Eintritt eines neuen Akkordes so früh gehoben werden, daß nicht noch ein Ton des vorangegangenen in den neuen hinüberklingt. Ein Beispiel für Pedalgebrauch bei häufigem Akkordwechsel bildet der erste Satz aus Beethovens cis-Moll-Sonate op. 27 Nr. 2:

Pedalgebrauch bei Akkordwechsel

---

[*] Die Möglichkeit der Pedalisierung ist in obigem Beispiel erwiesen, jedoch erscheint die starke Benutzung des Pedals, wie sie dort angegeben ist, aus Gründen des Stilgefühls und guten Geschmacks übertrieben. Von bekannten Pianisten wird heute Mozart sehr wirkungsvoll fast ganz ohne Pedal gespielt. Oft wird dann das Pedal durch Liegenlassen von Stimmen vorgetäuscht.

Hier hat Beethoven das Pedal für das ganze Stück vorgeschrieben, und es ist durchweg darauf zu achten, daß bei jedem Akkordwechsel ein neuer Pedaltritt genommen wird und der Wechsel kurz ist, damit nicht eine Unterbrechung des Klangcharakters unangenehm auffällt. Wir werden bei dem Kapitel „Ästhetische Ausstattung durch das Pedal" noch auf den Klangcharakter zu sprechen kommen. Beethoven schreibt über den eben genannten Satz: „Si deve suonare tutto questo pezzo delicatissimamente e senza sordino." Das besagt, daß der Satz ohne Dämpfer gespielt werden soll, d. h., die Dämpfer sollen die Saiten nicht berühren, was durch das Treten des Pedals bewirkt wird.

Pedalgebrauch bei stufenweisen Tonfolgen

Für alle, die etwas Harmonielehre getrieben haben, ist der Pedalgebrauch bei akkordischen Tonfolgen nicht allzu schwierig, dagegen wird die Unterweisung für den Pedalgebrauch bei stufenweisen Tonfolgen auf recht große Schwierigkeiten stoßen. Stufenweise Tonfolgen werden beim Pedalgebrauch leicht ein unreines, verwischtes Tonbild

138

ergeben, und doch ist das Pedal bei solchen Stellen häufig dringend erforderlich, wenn der Vortrag nicht nüchtern und trocken klingen soll.

Nehmen wir als Beispiel den zweiten Teil des Chopinschen Trauermarsches.

Fr. Chopin, Sonate b-Moll op. 35, 3. Satz

Das Pedal wird mit einem Tritt für den ganzen Takt genommen werden können. Jedenfalls aber sind die nebeneinanderliegenden Noten f, es, des mit einem Pedaltritt zu nehmen (Pedaldunst), erstens, damit bei den Akkordtönen des Basses der Grundton zur Füllung mitklingt, und zweitens, weil durch ein Heben des Pedals der Klangcharakter der Melodie durch die Abwechslung von Pedaltönen und pedalfreien Tönen wesentlich unterbrochen würde. Spielen wir die vier Töne allein ohne Baßtöne mit Pedal, so rinnen sie in unschöner Weise durcheinander. Im Zusammenhang mit den Baßtönen dagegen erzielen wir eine durchaus nicht störende, sondern im Gegenteil, bei weicher, vollklingender Melodieführung, schöne Wirkung. Wie läßt sich diese Erscheinung erklären? Allein durch das Gefühl für Harmonie. Unser Ohr vernimmt vor allem den Des-Dur-Dreiklang. Die nicht zum Akkord gehörigen Töne ges und es stören den akkordischen Gesamteindruck nicht, weil sie nicht langandauernd sind und ihr dissonierender Klang gegen das starke Gefühl für den Dreiklang ganz verschwindet.

Einteilung des Pedalwechsels

Das führt uns zu der Erkenntnis, daß stufenweise Tonfolgen sehr wohl Pedal vertragen, wenn die Harmonie die entstehenden Dissonanzen sozusagen in sich aufsaugt. Die Stärke des Tones nach dem Anschlag nimmt schnell ab, so daß der vorausgegangene Ton im Vergleich zum zuletzt gespielten, der im Anschlagsmoment sozusagen körperlich vor uns ersteht, etwas Schattenhaftes an sich trägt. Wollte man auf der Orgel, bei der die Töne gleichstark fortklingen, mehrere nichtakkordische Töne ineinanderklingen lassen, so würde ein Tonchaos entstehen.

Aufsaugung der Dissonanzen durch die Harmonie

139

Wir wollen nun untersuchen, wo und wie das Pedal bei stufenweisen Tonfolgen angewendet werden kann, und folgen dabei den Ausführungen und Gedankengängen Louis Köhlers, der die *diatonischen* und *chromatischen* Stufenfolgen getrennt behandelt. Die Töne aufeinanderfolgender Stufen sind im allgemeinen in bezug auf die zugehörige oder dazu zu denkende Harmonie entweder akkordisch oder durchgehend.

Durchgangs-
töne

Die Durchgangstöne sind entweder *diatonische* (d. h. sie gehören der Tonart der betreffenden Stelle an), oder harmoniefremde, also *chromatische* Töne.

Pedalgebrauch bei diatonischen Stufenfolgen

Zusammen-
klang der
Skalentöne

Alle Töne der Skala ergeben einen Zusammenklang, zu dem allein die Terz nicht paßt. Die Oberdominantharmonie von C-Dur z. B. ist g h d f a, und auch c ist in dem Akkord auf der Quinte der Dominante d f a c harmonisch heimisch. Nur die Terz e geht keine harmonische Verbindung mit den übrigen Tönen ein, obwohl sie einen Hauptbestandteil des Dreiklanges der ersten Stufe bildet. Man überzeuge sich durch den Anschlag der Töne:

Soll bei diatonischen Folgen aus irgendeinem Grunde Pedal angewendet werden, so sind die Stufen 1, 2, – 4, 5, 6, 7 (also alle mit Ausnahme der 3. Stufe) weniger empfindlich und störend beim Zusammenklingen, weil sie harmonisch zueinander passen. Zu bemerken ist noch, daß die Halbtöne beim Zusammenklang durch das Pedal empfindlicher als die Ganztöne sind. Hätte man eine Skala mit Pedal zu spielen, so wäre sie praktisch folgendermaßen zu pedalisieren:

Pedal bei
Skalen

Bei schnellen Skalen sind sogar unter Umständen weniger Pedaltritte, ja eventuell nur ein einziger, erfoderlich. Ein *glissando* ist mit ununterbrochenem Pedalgebrauch möglich. Als Beispiel für Skalen durch mehrere Oktaven, die mit einem Pedaltritt möglich sind, gelte der g-Moll-Lauf am Schlusse der Ballade in g-Moll von Chopin. Hier ist zu beachten, daß das Pedal mit dem letzten Grundton schnell aufgehoben wird. Wir haben dann den Eindruck einer vollklingenden Tonleiter, und ehe unserem Ohr der Zusammenklang der dissonierenden Töne zum Bewußtsein kommt, wird das Pedal gehoben, so daß nur das Gefühl für die Tonart bleibt und das Ineinanderklingen der Akkord- und Durchgangstöne durchaus nicht stört.

Moduliert ein Lauf, zu dem wir Pedal nehmen wollen, so muß beim Tonartenwechsel auch ein Pedalwechsel eintreten, abgesehen von dem Wechsel, der innerhalb der Tonart nach dem oben Gesagten erforderlich ist. Wer nicht genügend Kenntnisse in der Harmonielehre besitzt, um den Harmoniewechsel jedesmal bestimmt anzugeben, muß sich auf das Ohr verlassen und lieber den Pedalwechsel öfter vornehmen. *Pedalwechsel bei Modulationen*

Selbstredend soll nicht bei jedem Lauf, bei jeder Skala Pedal genommen werden, selbst wenn es nach dem oben Gesagten angängig wäre, sondern man soll dabei mit allergrößter Vorsicht verfahren. Der Charakter der Stelle ist zu berücksichtigen und die Intention des Komponisten, der wohl in vielen Fällen den Gebrauch des Pedals wenigstens angedeutet hat, dabei zu Rate zu ziehen.

Langsamere stufenweise Tonfolgen verlangen öfteren Pedalwechsel.

Pedalgebrauch bei chromatischen Stufenfolgen

Chromatische Tonfolgen können *harmonische Modulationen* bewirken; sollte eine Stelle solcher Tonfolgen aus irgendeinem Grunde Pedal erfordern, so ist beim Tonartenwechsel auch Pedalwechsel vorzunehmen. *Harmonische Modulationen*

Chromatische Tonfolgen können außerdem *nichtharmonische Durchgänge* sein. Wir haben schon früher betont, daß das Weiterklingen zweier Halbtöne beim Pedalgebrauch im allgemeinen für das Ohr empfindlicher ist als das zweier Ganztöne. Bei chromatischen Tonfolgen handelt es sich stets um Halbtöne, und zwar um solche, die keine Verwandtschaft besitzen. Wie wir wissen, ist c mit cis in bezug auf die Tonarten gar nicht verwandt, obwohl dem Namen nach in der Notenschrift cis von c abgeleitet wird. Daraus wäre der Schluß berechtigt, daß der Pedalgebrauch zwischen zwei chromatischen Tönen am besten unterbliebe. Trotzdem werden wir oft der Ausführung von chromatischen Stellen mit Pedal begegnen und sie gutheißen. *Nichtharmonische Durchgänge*

Vor allem bei nicht akzentuierten chromatischen Tonfolgen, die bei fester Harmonie die Melodietöne unterbrechen, wirkt das Pedal oft nicht störend, wenn die entstehenden Dissonanzen wieder von *Nichtakzentuierte chromatische Tonfolgen*

141

dem beherrschenden Harmonieakkord aufgesogen werden. Ganz kurze Pedaltritte sind häufig am Platze, nur ist die Lage der Töne zu berücksichtigen, so daß also Baß oder Mittellage sehr viel vorsichtiger als der Diskant behandelt werden müssen. Auch der Stärkegrad der betreffenden Stelle spielt beim Pedalgebrauch eine wesentliche Rolle. Leichte *pianissimo*-Stellen (Verzierungsstellen) in hoher Lage vertragen Pedal selbst bei Anhäufung von chromatischen Folgen, z. B. bei Chopins Figurenwerk, das fast durchweg Pedal erfordert.

Zu einem festen Akkord sind sogar zwei und mehr zusammenklingende chromatische Stufenfolgen denkbar, die eventuell Pedal vertragen. Die Häufung der Dissonanzen macht dabei große Vorsicht und besondere Berücksichtigung der Höhenlage zum Gebot.

Aushalten
eines
Orgelpunktes

Bisweilen muß ein Orgelpunkt durch Pedal ausgehalten werden. Die linke Hand z. B. wird dabei den Baß angeben und dann zu durchgehenden Akkorden zugezogen, so daß der durchklingende Baßton nur vom Pedal gehalten werden kann. Da das Durchklingen desselben wesentlich ist, so muß man das durch chromatische Stufenfolgen entstehende Tongewirr in Kauf nehmen, wobei natürlich der Komponist für den Effekt verantwortlich bleibt.

Resultat

Um das Resultat nochmals zusammenzufassen, das sich aus den Untersuchungen über Pedalgebrauch bei diatonischen und chromatischen Stufenfolgen ergibt, so ist der Gebrauch möglich, wenn die entstehenden Dissonanzen von der Harmonie aufgesogen werden, d. h. wenn das Gefühl für eine deutlich erkennbare Harmonie nicht verlorengeht.

2. Der Pedalgebrauch zur Erzielung von Bindungen, die mit den Fingern allein nicht möglich sind.

Pedalanwendung bei gleichen Akkorden in verschiedenen Lagen

Wir finden in der Klavierliteratur vielfach Stellen, die offenbar gebunden klingen sollen, die aber bei kleinen Händen oder zu großer Entfernung der Tasten überhaupt nicht mit den Fingern allein zu binden sind; z. B. bei gebrochenen Begleitungsfiguren, bei denen der Baßton von den anderen Akkordtönen etwa zwei Oktaven entfernt liegt und weiterklingen soll. Daß solche Stellen mit Pedal leicht zu binden sind und es deshalb direkt verlangen, leuchtet ohne weiteres ein.

Akkorde derselben Harmonie in verschiedenen Lagen, bei denen notwendigerweise dieselben Finger hintereinander gebraucht werden, sind nicht *legato* zu spielen ohne Pedal. Durch Gleiten und

Rutschen der Finger kann wohl die entstehende Lücke klein erscheinen, aber sie ist nicht zu überbrücken. Bei richtigem Pedalgebrauch verschwindet sie völlig, z. B.:

R. Schumann, Symphonische Etüden, Thema

Pedalisierung harmonisch verschiedener Akkorde

Sind harmonisch verschiedene Akkorde hintereinander zu binden, so geschieht das am besten durch synkopiertes Pedal. Das synkopierte Pedal wird in folgender Weise ausgeführt: Man hält einen ganz kurzen Augenblick das Pedal über den Anschlag des nächsten Akkordes hinaus, um ein schnelles Heben und Senken des Fußes folgen zu lassen. Diese Art des synkopierten Pedals ist vielleicht theoretisch nicht einwandfrei, aber in der Praxis durchaus zu billigen. Beim synkopierten Pedal klingen nämlich die Töne der beiden Akkorde einen Augenblick dissonierend ineinander. Aber ehe uns die Dissonanz deutlich zum Bewußtsein kommt, wird der erste Akkord wieder abgedämpft, und der zweite klingt rein weiter. Der Pedalwechsel läßt also die dissonierenden Töne verschwinden, ist aber so kurz, daß keine Änderung des Klangcharakters durch pedalfreie und Pedaltöne empfunden wird, und daß das Wiederaufleben des Akkordes nicht auffällt, da es fast mit dem Anschlag zusammentrifft.

Die Bindung von Akkordfolgen, auch solchen von aufeinanderfolgenden diatonischen und chromatischen Stufen, wird also durch das synkopierte Pedal in vollkommener Weise gelöst. Bei langsamen Akkordfolgen wird man beim ersten Akkord das Pedal genau mit dem Anschlag zusammen nehmen und erst bei dem nachfolgenden Akkord synkopiertes Pedal anwenden. Beispiele für dergleichen zu bindende Töne und Akkorde finden wir unendlich viel in der Klavierliteratur.

Synkopiertes Pedal

Pedalanwendung bei polyphonem Spiel

Auch in kontrapunktischen Stücken und Sätzen kann der Pedalgebrauch zur Bindung notwendig werden. Bach hat für Klaviere komponiert, bei denen die Tasten schmaler waren als die heutigen. Daher waren bei den alten Klavieren Bindungen mit den Fingern möglich, die auf den heutigen kaum ausführbar sind und dadurch die Hilfe des Pedals zur Bindung rechtfertigen.

Pedal bei Fugen

Hier ist besonders große Vorsicht nötig. Haben wir z. B. eine vierstimmige Fuge, in der die exakte Führung der vier Stimmen erforderlich ist, und gebrauchen Pedal, so können durch das Weiterklingen einzelner Töne über ihren Wert hinaus fünf und mehr Stimmen erscheinen, was der Durchführung des vierstimmigen Satzes durchaus nicht entspricht. Es gilt also hier das Pedal in ganz kurzen Tritten zu gebrauchen, die nichts weiter bewirken sollen als eine notwendige Bindung von Tönen, welche mit den Fingern unmöglich ist. Hierhin gehören auch Stellen, in denen derselbe Ton mehrmals hintereinander *legato* angeschlagen werden soll, was bei modernen Instrumenten möglich ist, wie ich an anderer Stelle gezeigt habe.

Wer nicht die nötige Geschicklichkeit im Pedaltreten besitzt, spiele Fugen lieber ganz ohne Pedal. Er wird aber dann manchmal auf die exakte Durchführung genau gebundener Töne bei einzelnen Motiven verzichten müssen.

Pedalgebrauch bei weitgriffigem Spiel (Transkriptionen)

Der Satz für Klavierkompositionen hat sich im Laufe der Zeit vom zweistimmigen zu immer vollgriffigerem entwickelt. Die Komponisten haben sich daran gewöhnt, den vielfarbigen Klang des modernen Orchesters auf das Klavier zu übertragen, so daß man von einem orchestralen Klaviersatz sprechen kann. Wir finden häufig lang gehaltene Melodietöne, mit denen gleichzeitig Figurationen und andere Melodiengänge erklingen sollen, z. B. Lied-Transkriptionen von Liszt. Diese sind manchmal so weitgriffig, daß die Melodietöne unmöglich mit den Fingern gehalten werden können. Hier muß das Pedal helfen, und wir müssen der gehaltenen Melodietöne wegen selbst dissonierende Tonansammlungen in Kauf nehmen, die aber – wie schon gesagt – von den durchgeführten Harmonien der Melodie aufgesogen werden und deshalb nicht unschön wirken. Mit diesem orchestralen Klaviersatz, der bei Schumann, Liszt, Brahms und den neueren Komponisten mannigfach auftritt, hat sich auch die Notenschrift

Orchestraler Klaviersatz

geändert. Während die Komponisten früher die Notenwerte schrieben, wie die Finger sie aushalten konnten, werden sie jetzt oft so angegeben, wie sie nur mit Pedal gehalten werden können. Selbstverständlich ist das Pedal dann erforderlich, ohne daß es vorgezeichnet zu werden braucht, z. B.:

Edv. Grieg, An den Frühling

Das vollgriffige Spiel hat Vorschläge gezeitigt, die vor allem im Baß als Grundton harmonisch besonders wichtig sind und oft weiterklingen müssen, was wiederum nur durch Pedal zu erreichen ist, z. B.:

Fr. Liszt, Ungarische Rhapsodie Nr. 14

Das Pedal als Bindemittel findet besonders häufige Anwendung bei *Transkriptionen.* Spielen wir z. B. die Transkriptionen eines Liedes, so wird zunächst die Hauptbedingung sein, die Melodie gesanglich weiterzuführen, den Melodienoten also den vollen Wert zu geben, während gleichzeitig die Begleitung oft den Gebrauch der melodieführenden Finger verlangt. Das Pedal verhilft uns zur richtigen Ausführung. Bei der Durchführung werden sich allerdings störende Dissonanzen kaum vermeiden lassen. Der exakten Melodieführung halber wird man sie aber gern in Kauf nehmen. Als Beispiele gelten auch hier die Liedtranskriptionen von Liszt.

Pedal bei Transkriptionen

3. Benutzung des Pedals zur Hervorhebung charakteristischer Klangunterschiede

Um charakteristische Klangunterschiede hervorzuheben, wird das
Pedal gebraucht:

a) Bei einzelnen Tönen, die anderen gegenüber hervortreten
müssen, und bei Tonfolgen, die durch den tragenden, gesangvollen
Pedalton belebt und koloriert werden sollen.

b) Bei Tongruppen, die in der Wirkung gegeneinander abstechen
sollen, z. B.:

Fr. Chopin, Fantasie f-Moll op. 49

Die Pedalklangfarbe ist für einzelne Stellen, bisweilen auch für ein
ganzes Stück von den Komponisten gedacht. Die Pedaltöne klingen
dann wie aus einem *Tonnebel* heraus, der durch zeitweise längeres
Heben des Pedals störend unterbrochen würde. Das Pedal ist, wenn
es abgedämpft werden muß, nur kurz zu wechseln. Dieser kurze
Wechsel bewahrt oft vor zu großem Tongewirr, läßt aber den Tonnebel, der dem Stück weiche und etwas verwischte Konturen verleiht,
nicht verschwinden. Aus ihm heben sich die angeschlagenen Töne als
deutliche Punkte und Linien heraus, entsprechend der Eigenart des
Klaviertones, der im Anschlagsmoment leuchtend ersteht und dann
schnell erstirbt. Das Verklingen der Töne zusammen mit dem Mitklingen der nicht angeschlagenen Saiten kennzeichnet diesen Tonnebel.

Klangunterschiede bei pedalfreien und Pedaltönen

Charakteristisch für die Pedalwirkung ist, wie schon erwähnt, die
Änderung der Klangfarbe bei *Pedaltönen* im Vergleich zu *pedalfreien
Tönen*. Diese Änderung erfolgt, wie wir wissen, durch das Mitklingen
der beim Anschlag nicht beteiligen Saiten und ist abhängig von der

146

Oktavenlage sowie von der Stärke des Anschlags. Daß ein mit Pedalgebrauch vorgetragenes Stück einen ganz anderen Klangcharakter besitzt als dasselbe Stück ohne Pedal, ist ja sinnfällig, und es gilt diesen Unterschied künstlerisch auszunützen.

Er besteht zunächst in der *Klangvergrößerung*, die das Hervortreten einzelner Töne wie auch ganzer Tongruppen bewirkt.

Bei der Hervorhebung einzelner Töne, – sei es, daß sie durch ein *sforzato* oder *fortepiano* ausgezeichnet sind – wird die gewünschte Wirkung durch Pedaltritte erzielt. Tongruppen, zusammenklingende und gebrochene Akkordfolgen können mit Pedal wirkungsvoll zu großer Tonentfaltung und bis zu rauschenden Klangmassen gesteigert werden. Das Pedal ist hier eine Hilfe und Erleichterung zum Anwachsen aus dem *piano* ins *forte*, ja bis ins *fff*.

Klangvergrößerung

Hervorhebung einzelner Töne

Hervorhebung von Tongruppen

Pedalgebrauch zur Tonmalerei

Ein wesentliches Hilfsmittel zur Erzielung von *Tonmalerei* ist die Anwendung des Pedals. Wir wollen das an verschiedenen Beispielen erläutern.

Liszt hat zwei Legenden für Klavier geschrieben: „Der heilige Franziskus, auf den Wogen schreitend" und „Die Vogelpredigt". In der ersten malt Liszt das An- und Abschwellen der Wogen durch längere auf- und abgehende, zum Teil chromatische Stufenfolgen. Diese Nachahmung des Meeresrauschens verlangt durchweg Pedalgebrauch, der nur am Ende der Rollfiguren und zwischendurch höchstens durch ganz kurzen Pedalwechsel unterbrochen wird. In der „Vogelpredigt" wird das Zwitschern eines Schwarms von Vögeln mit Hilfe von Tremolos dargestellt, die auch nur durch Pedal richtig ineinander verschwimmen. Ähnliche Tonmalereien (Sturm, Gewitter, Säuseln von Bäumen u. a.) finden sich öfter (z. B. Liszt, Waldesrauschen, Schubert, Der Lindenbaum).

Legenden für Klavier von Liszt

Das schon besprochene Durchhalten des Pedals bei ganzen Teilen von Klavierstücken mit verschiedensten Harmonien, – entgegen den früher aufgestellten Regeln – kann auch aus tonmalerischen Gründen erfolgen.

Robert Schumann schreibt in dem Schlußstück der „Papillons" 26 Takte über den auszuhaltenden Baßton d, die mit durchgehaltenem Pedal gespielt werden sollen. Daß dabei nicht zusammenpassende Töne und Harmonien zusammenfließen, klingt für das empfindliche Ohr durchaus nicht schön; und wenn wir das Stück allein vortragen sollten, würde der vorgeschriebene Pedalgebrauch durch-

Papillons von Schumann

aus nicht gerechtfertigt erscheinen. Im Zusammenhang mit den übrigen Stücken aber bedeutet die Schlußszene der Papillons ein letztes, traumhaftes Vorbeifließen früher geschilderter Karnevalsbilder. Aus diesem Grunde läßt sich die gegen die allgemeinen Regeln verstoßende Pedalvorschrift ästhetisch und künstlerisch vertreten.

Zum Abschluß der kurzen Pedalbetrachtungen noch die Anweisungen zum

Pedalgebrauch bei Synkopen zur Markierung des Rhythmus

L. v. Beethoven, Sonate Es-Dur op. 7, 1. Satz (Schluß der Exposition)

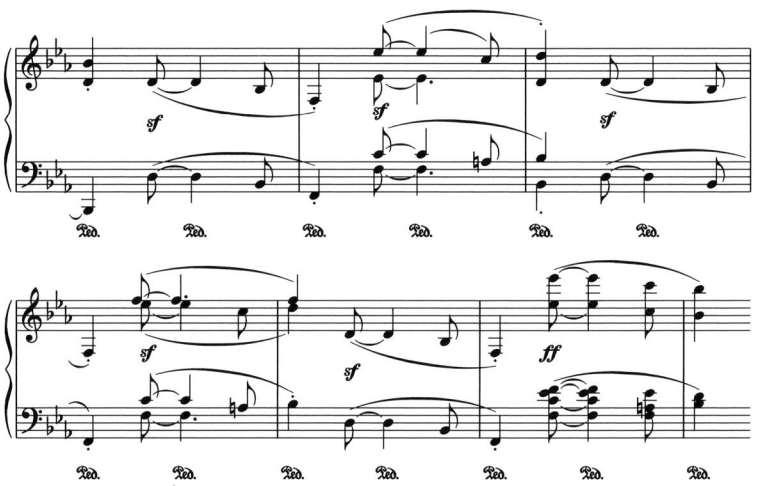

Die Ausführung der Synkopenstellen in dieser Sonate wird durch das Pedaltreten auf starkem Taktteil (erstes und viertes Achtel) die Synkope stets deutlich erkennbar machen. Fast von allen Schülern werden an dieser Stelle die gehaltenen Noten zu kurz gespielt, und damit wird der Synkopencharakter beeinträchtigt. Der Akkord wird, obwohl nicht angeschlagen, durch einen Pedaltritt etwas aufleben, und zwar auf dem starken Taktteil. Die Einhaltung des Rhythmus und das genaue Aushalten des Notenwertes ist bei jeder Synkopenstelle zum richtigen Erfassen der Synkope wichtig. Durch das Pedaltreten auf starkem Taktteil wird also der Synkopencharakter leichter kenntlich sein und das Aushalten des Notenwertes gewährleistet.

148

Pedalgebrauch bei Trillern

Die schnelle Aufeinanderfolge zweier Sekunden (Vibration), die wir *Triller* nennen, ist die Vereinigung oder Verschmelzung zweier nebeneinanderliegender Töne. Die innige Verbindung wird durch Pedalgebrauch besonders gut erreicht. Man soll daher den Triller meines Erachtens in den meisten Fällen mit Pedal spielen. Manche Pädagogen sind dagegen der Ansicht, daß kein Pedal bei Trillern genommen werden dürfe, weil zwei Sekunden eine Dissonanz ergeben, die für uns aber einen einzigen Ton bedeuten soll. Selbstverständlich ist beim Kettentriller, bei dem die Sekunden sich ändern, Pedalwechsel vorzunehmen.

Der Triller

Gebrauch des linken Pedals

Wie schon anfangs gesagt wurde, wirkt das linke Pedal, auch *Dämpfer* genannt, klangvermindernd. Der Mechanismus arbeitet bei Pianinos meistens in der Weise, daß die Hämmer beim Niedertreten des Pedals näher an die Saiten gebracht werden. Sie treffen sie daher mit weniger Schwung und entsprechend weniger Kraft. Der erzeugte Ton wird also leiser sein. Man benutzt diesen Dämpfer, um an gewissen Stellen ein möglichst großes *piano* zu erzielen. Bei Flügeln wirkt sich der Mechanismus des linken Pedals beim Niedertreten in folgender Weise aus: Sämtliche Hämmer werden verschoben, und zwar so, daß sie von den je drei zusammengehörigen, auf einen Ton abgestimmten Saiten nur zwei bzw. eine Saite berühren. Das Niedertreten des linken Pedals wird durch die italienische Bezeichnung *una corda* (eine Saite) bzw. *due corde* (zwei Saiten) angegeben. Die Bezeichnung *tre corde* (drei Saiten) besagt, daß der Fuß wieder gehoben werden soll. Natürlich ist der Dämpfer am wirkungsvollsten, wenn der Hammer nur eine Saite trifft. Wesentlich ist, daß bei Flügeln der Klangcharakter beim Gebrauch des linken Pedals etwas beeinflußt wird. Der Ton bekommt leicht etwas Näselndes und Stumpfes. Diese besondere Klangfarbe wird von den Komponisten häufig ausgenutzt. Bei dem Pianino dagegen tritt nur eine Schwächung des Tones ein, während die Klangfarbe unverändert bleibt. Der Dämpferzug muß bei den Flügeln ausprobiert werden, weil er auch bei guten Instrumenten nicht immer einwandfrei ist. Die Benutzung beider Pedale zu gleicher Zeit ist bei vielen Stellen sehr wirkungsvoll.

Manche Flügel haben noch ein drittes Pedal, welches zum längeren Aushalten eines Tones oder Akkordes dient.

Mechanismus des linken Pedals

Studienbuch Musik

Gerhard Mantel
Cello üben
Eine Methodik des Übens
nicht nur für Streicher

SCHOTT

**Mit der Reihe
Studienbuch Musik
wird dem Bedarf
an Texten zum
Studium der Musik und
der Musikwissenschaft
in preisgünstigen
Ausgaben Rechnung
getragen.**

Neben Neuerscheinungen
werden in der Reihe er-
folgreiche und bewährte
Titel des bisherigen Verlags-
programms, teilweise
in überarbeiteter und
ergänzter Form, neu
aufgelegt.

**Für Schüler, Studenten,
Musikpädagogen und
Hochschullehrer, für
interessierte Laien zur
Fort- und Weiterbildung,
für das private Studium.**

MA 3003-06 · 11/10

Anselm Ernst
**Lehren und Lernen
im Instrumentalunterricht**

Ein pädagogisches Handbuch für die Praxis
232 Seiten, broschiert, 17,0 x 24,0 cm
ISBN 978-3-7957-8718-9 (ED 8718)

Frank Hartmann
Qigong für Musiker

Die ganzheitliche Methode für
entspanntes und gesundes Musizieren
122 Seiten, broschiert, 14,8 x 21,0 cm
ISBN 978-3-7957-8728-8 (ED 8728)

Der kleine Hey

Die Kunst des Sprechens
Nach dem Urtext von Julius Hey
104 Seiten, broschiert, 14,8 x 21,0 cm
ISBN 978-3-7957-8702-8 (ED 8702)

Axel Jungbluth
Jazz-Harmonielehre

Theoretische Grundlagen
und praktische Anwendung
178 Seiten, broschiert, 17,0 x 24,0 cm
ISBN 978-3-7957-8722-6 (ED 8722)

Renate Klöppel
Die Kunst des Musizierens

Von den physiologischen und psycho-
logischen Grundlagen zur Praxis
288 Seiten, broschiert, 17,0 x 24,0 cm
ISBN 978-3-7957-8706-6 (ED 8706)

Gerhard Mantel
Cello üben

Eine Methodik des Übens
nicht nur für Streicher
221 Seiten, broschiert, 14,8 x 21,0 cm
ISBN 978-3-7957-8714-1 (ED 8714)

Andreas Mohr
**Handbuch der
Kinderstimmbildung**

246 Seiten, broschiert, 17,0 x 24,0 cm
ISBN 978-3-7957-8704-2 (ED 8704)

Konrad Ragossnig
**Handbuch der Gitarre
und Laute**

326 Seiten, broschiert, 17,0 x 24,0 cm
ISBN 978-3-7957-8725-7 (ED 8725)

Cornelius L. Reid
**Funktionale
Stimmentwicklung**

Grundlagen und praktische Übungen
84 Seiten, broschiert, 14,8 x 21,0 cm
ISBN 978-3-7957-8723-3 (ED 8723)

Margot Scheufele-Osenberg
Die Atemschule

Übungsprogramm für Sänger,
Instrumentalisten und Schauspieler
Atmung · Haltung · Stimmstütze
185 Seiten, broschiert, 14,8 x 21,0 cm
ISBN 978-3-7957-8705-9 (ED 8705)

SCHOTT
www.schott-music.com